LA BIÈVRE

NOUVELLES RECHERCHES HISTORIQUES

SUR CETTE RIVIÈRE ET SES AFFLUENTS

DOURLOTON. — Imprimeries réunies, B, rue Mignon, 2.

LA BIÈVRE

NOUVELLES RECHERCHES HISTORIQUES

SUR CETTE RIVIÈRE ET SES AFFLUENTS

DEPUIS LES TEMPS LES PLUS RECULÉS JUSQU'A NOS JOURS

AVEC UN PLAN

PAR

S. DUPAIN

Ancien chef de section à la Préfecture de la Seine

PARIS

H. CHAMPION, LIBRAIRE DE LA VILLE DE PARIS

QUAI MALAQUAIS, 15

1886

AVANT-PROPOS

Parmi les nombreux petits cours d'eau qui sillonnent le sol de la France, il n'en est peut-être pas un seul, comme le montre cet opuscule, qui ait donné lieu à autant de discussions et de conflits que la rivière de Bièvre.

Lorsque, dans tout son parcours, elle était encore un frais et limpide ruisseau, elle offrait, paraît-il, tant d'agrément, que l'on portait envie à ceux dont elle traversait le domaine. Quand, plus tard, on eut cru lui reconnaître des qualités précieuses pour certaines industries, on se disputa ardemment l'usage de ses eaux.

La multitude de manufactures, d'usines et d'ateliers qu'elles ne tardèrent pas à alimenter, imposa à l'administration le devoir d'en assurer la conservation, par tous les moyens possibles, et même de chercher à les rendre plus salubres et plus abondantes.

De là une foule de prescriptions destinées à protéger cette rivière contre les entreprises qui en altéraient et corrompaient le cours, de là aussi plusieurs travaux exécutés ou projetés, à l'effet de l'assainir, d'en accroître le débit et d'en régulariser le régime.

Pendant longtemps, le conseil général de la Seine s'est préoccupé de la situation qui lui était faite, dans ce département. Il insistait vivement pour qu'on la dotât d'une réglementation moins défectueuse que celle qui existe et qui fût de nature, non seulement à concilier tous les intérêts, mais encore à mettre un terme au défaut d'unité d'action qui entravait l'exercice de sa police et arrêtait la solution de plusieurs questions urgentes.

Il insistait également pour que l'on avisât à augmenter le volume de ses eaux, à remédier à leur insalubrité et à les aménager de manière à ce que le niveau en fût, à peu près, le même dans toutes les saisons.

Il jugeait convenable d'alléger la charge de son curage et de la répartir dans une proportion plus équitable que celle qui résulte du mode actuellement suivi.

Enfin, il demandait que l'on déterminât la hauteur de retenue de chaque usine, comment en serait disposée la vanne de décharge, et les autres conditions qu'elles devraient remplir pour ne causer aucun dommage.

Nous dirigions alors, à la préfecture, le bureau auquel ressortissaient les affaires relatives aux cours d'eau. Cette position nous obligeait à nous rendre compte des difficultés qui pouvaient retarder la réalisation de tous ces vœux et à prêter notre concours, tout faible qu'il fût, afin d'aider à les aplanir.

A ce moment, autant pour nous éclairer que pour satisfaire notre curiosité personnelle, nous avons pris copie de plusieurs actes administratifs et judiciaires dont la Bièvre avait été l'objet et qui se trouvaient disséminés dans les archives de l'Hôtel de ville et de la Préfecture de police, avant que les incendies de 1871 les eussent anéanties. Nous en avons fait autant de ceux que l'on conserve dans les autres dépôts publics, notamment dans les Archives nationales, enfin, nous avons mis à contribution tous les auteurs qui ont parlé de cette rivière.

Le déplorable accident arrivé, il y a quatorze mois, près du pont de l'Archevêché et que l'on attribuait généralement au grossissement subit des eaux de la Bièvre, nous fit souvenir que nous étions en possession d'une collection de documents, la plupart inédits, et qui justifieraient cette opinion. La pensée nous est alors venue d'en publier le résumé, après y avoir fait les additions nécessaires pour en former une monographie qui ne présentât pas de lacunes. Il nous a semblé que cette résolution venait d'autant plus à propos qu'une grande partie de ces documents sont maintenant détruits et qu'il serait très difficile de les reconstituer.

En mettant ce livre au jour notre prétention n'a pas été d'y donner des enseignements pour bien administrer le cours d'eau dont il s'agit et le maintenir dans un état normal; nous n'avons voulu que raconter des faits. Si donc il présente quelque intérêt, ce ne peut être qu'au point de vue historique.

Deux docteurs en médecine, MM. Parent-Duchatelet et Pavet de Courteilles ont publié, en 1822, un long mémoire intitulé : *Recherches et Considérations sur la rivière de Bièvre et sur les moyens d'améliorer son cours.*

Leur ouvrage n'est, à vrai dire, que le corollaire de propositions sur le même sujet, faites, longtemps auparavant, par un autre médecin, le savant professeur Hallé. Néanmoins, malgré quelques erreurs qui s'y sont glissées, il n'est pas dépourvu d'une certaine valeur, attendu qu'il contient une description topographique de toute la vallée dans laquelle coule la Bièvre, ainsi qu'un dénombrement des établissements industriels que ses eaux vivifiaient quand il parut, et que, de plus, il fait connaître quel était alors l'état exact de cette rivière.

Le nôtre peut, à la rigueur, en être considéré comme le complément. De là vient le titre que nous lui avons donné. Cependant, nous devons le faire remarquer, les faits qui y sont racontés remontent à une époque beaucoup plus reculée que dans le leur, il embrasse d'ailleurs bien plus de matières et les traite avec bien plus de développement.

Il est divisé en deux parties : l'une rapporte tout ce qui s'est passé, touchant la Bièvre et ses affluents, avant la Révolution; l'autre en expose la suite, jusqu'à la présente année.

Paris, ce 25 août 1886.

LA BIÈVRE

NOUVELLES RECHERCHES HISTORIQUES

SUR CETTE RIVIÈRE ET SES AFFLUENTS

PREMIÈRE PARTIE

§ Ier

On se ferait une bien fausse idée de la Bièvre, si l'on jugeait de son état général par l'aspect très peu attrayant qu'elle offre en arrivant à Paris. Mais, si l'on remonte à deux ou trois lieues au-dessus de la Capitale, elle apparaît sous la forme d'un charmant cours d'eau qui serpente, murmurant et limpide, à travers de ravissants paysages, et se détourne capricieusement, de temps en temps, pour faire tourner un moulin ou pour baigner le parc d'une élégante villa.

Dans la basse latinité, on désignait cette petite rivière sous les noms de *Bibara, Beveris,* ou *Bevera*.

Elle a son origine entre le hameau de Bouvier et le village de Guyencourt, dans le grand parc de Versailles, à environ quatre kilomètres au sud-ouest de cette ville. Des sources peu éloignées les unes des autres et dénommées de Bouvier, du Renard, des Gobelins, etc., lui donnent naissance. Ce n'est d'abord qu'un mince filet d'eau qui, en été, disparaît çà et là, sous le feuillage des arbustes qui ombragent son cours sinueux ; mais ensuite, elle reçoit beaucoup de petits affluents qui augmentent sensiblement son volume et lui donnent une certaine consistance. Après quelques détours elle arrive au lieu dit la Minière, s'enfonce dans le bois de Buc, passe sous les arcades de ce nom, descend à Jouy, à Bièvres, à Igny, à Amblainvilliers, toutes localités du département de Seine-et-Oise; puis, elle gagne le département de la Seine, va droit à Antony, où elle franchit, en souterrain, le chemin de fer de Paris à Limours et la route nationale n° 20; se dirige vers L'Hay, vient à Arcueil, où une issue lui a été pratiquée sous l'aqueduc de ce village, se rend à Gentilly, entre dans Paris, contourne la butte aux Cailles, traverse plusieurs voies importantes du XIII° arrondissement, longe, dans le V°, les rues Censier et de Buffon, pénètre sous le boulevard de l'Hôpital, et, après un parcours d'environ 37 kilomètres, pendant lequel cinq ou six gros ruisseaux y ont déversé leurs eaux, elle se jette dans la Seine, un peu en amont du pont d'Austerlitz.

Le tracé que nous venons de décrire a subi, dans ces derniers temps, quelques modifications, en ce qui concerne la traversée de Paris : nous en reparlerons dans la seconde partie de cette notice.

Les plateaux du bassin de cette rivière sont couronnés par les marnes vertes de Montmartre, ce qui les rend imperméables; mais, sur la rive gauche, ces marnes sont elles-mêmes recouvertes, jusqu'à Bagneux, d'une épaisse couche de terrain perméable formée des sables de Fontainebleau et qui absorbe immédiatement les eaux de pluies. Les inondations auxquelles la Bièvre était exposée, avant l'entreprise des travaux hydrauliques de Versailles, provenaient donc du ruissellement de ces eaux sur les seuls plateaux de la rive droite, lesquels sont au nombre de trois et situés : le premier, vers les sources de la rivière, entre St-Cyr et Trappes ; le second, entre Trappes et Palaiseau ; et le troisième, entre Palaiseau et Villejuif. Les eaux des deux premiers sont maintenant recueillies dans les étangs qui portent les noms de St-Quentin, du Trou-Salé et de Saclay. Les crues subites de la Bièvre ne peuvent donc plus être produites aujourd'hui, sauf le cas où ces étangs regorgent, que par le terrain imperméable du troisième plateau compris entre la rivière et les villages de Massy, Wissous, Rungis, Chevilly et Arcueil, plateau dont la surface est de 23 kilomètres carrés. Quant à la rive gauche, les eaux pluviales, absorbées comme nous l'avons dit par les sables de Fontainebleau, en amont de Bagneux, ressortent dans une multitude de petites sources qui apparaissent, surtout entre l'aqueduc de Buc et le bas du bois de Verrières. Enfin, de Bagneux à Paris, le bassin est aussi formé de terrain perméable, quoique d'une nature calcaire.

Le fond du lit dans lequel coule la Bièvre est généralement graveleux ; mais il devient vaseux, en amont des usines, par suite des dépôts que forment les eaux pendant qu'elles sont retenues pour faire des éclusées. Il en est de même à partir d'Antony jusqu'à Paris, à raison de la faible pente de la rivière.

Le jaugeage de la Bièvre présente des difficultés toutes particulières, tenant aux nombreuses intermittences auxquelles elle est sujette, et qui proviennent de plusieurs causes. Les tentatives pour en connaître le débit moyen laisseront donc toujours quelques doutes, sous le rapport de leur précision. En

1832, l'ingénieur en chef du département de Seine-et-Oise trouvait qu'il était de 100 pouces d'eau à Buc, en temps de sécheresse, et qu'il s'élevait au printemps, jusqu'à 150 pouces [1]. D'après des expériences faites, avec soin, en 1847, il serait à Paris, pendant l'étiage, d'environ 300 pouces, dans lesquels les ruisseaux de Tourvoie et de Fresnes, réunis, entreraient pour 50 pouces. Dès lors, le volume de la Bièvre au-dessus de ces ruisseaux, c'est-à-dire à son arrivée dans le département de la Seine, serait de 250 pouces dont les affluents situés au-dessous de Buc produiraient les trois cinquièmes. Toutes ces données paraissent un peu exagérées.

Cette rivière, de même que toutes celles qui ont naturellement peu de pente et dont cependant l'industrie a voulu mettre les eaux à profit, a été, sur plusieurs points, déplacée de son lit naturel et élevée au-dessus du fond de la vallée, afin de procurer des chutes propres à mettre en mouvement des roues hydrauliques. En effet, cette disposition se remarque principalement aux abords des moulins. La véritable Bièvre est alors, malgré quelques assertions contraires, celle qui est restée dans le thalweg et qu'on appelle la rivière morte, ou improprement le faux ru. L'autre, celle qui a été établie artificiellement sur le revers du coteau et a acquis plus de vitesse, a reçu, pour cette raison, le nom de rivière vive.

La division est surtout très accentuée, entre Gentilly et la rue Mouffetard, où le cours d'eau présente, dans tout ce long trajet, deux bras bien distincts formés et dénommés comme nous venons de le dire. On a, sur la date et le but de cette dé-

---

1. On sait qu'un pouce d'eau est la quantité de ce liquide qui s'écoule en vingt-quatre heures par une ouverture circulaire d'un pouce de diamètre, percée dans une mince paroi et dont le centre se trouve à sept lignes au-dessous de la surface du réservoir. On admet généralement qu'il équivaut à 20 mètres cubes.

rivation, que des renseignements incomplets contenus dans un procès-verbal des commissaires chargés de rechercher les causes d'un débordement survenu, en 1665, et que nous citons quelques pages plus bas, procès-verbal dans lequel on lit ce qui suit :

« Nous avons aussi reconnu que le cours naturel de ladite
» rivière a été détourné, depuis Gentilly jusques au-dessous du
» moulin de St-Marcel, qui est proche la rue Mouffetard, et que
» la rivière, dans cette étendue, est forcée; ce qui a donné lieu
» à la nommer la rivière troussée, le lit en étant plus haut de
» plus de cinq pieds que le fond de la prairie où originairement
» elle passoit; ce qui avoit obligé de nous informer de quelques
» particuliers d'où provenoit ce changement, lesquels nous
» auroient dit qu'il étoit arrivé du règne de Henry IV, lequel
» voulant établir une manufacture à la maison des Gobelins,
» avait fait faire des berges depuis Gentilly jusqu'au moulin
» St-Marcel qui avoient soutenu l'eau, et l'avoient conduite
» comme nous le voyons présentement. »

Il est bien singulier que cette importante opération n'ait été mentionnée par aucun auteur. Il paraît toutefois que les successeurs des Gobelins avaient ajouté une fabrique de tapis à leur teinturerie, et que cette fabrique n'ayant pas prospéré fut relevée, en 1603, par d'autres ouvriers que Henri IV avait fait venir de Flandre[1]. C'est probablement pour faciliter ce nouvel établissement que la Bièvre aura été, en partie, détournée avant d'entrer dans Paris. En conséquence, on donnait autrefois au bras dit la rivière vive, le nom de rigole des Gobelins; on l'appelait aussi le ruisseau de Gentilly, parce que, comme nous l'avons fait remarquer, il a son origine sur le territoire de cette commune.

1. Francisque Michel, *Recherches sur les étoffes de soie, d'or et d'argent, au moyen âge.*

Par suite de l'élévation du lit de la Bièvre au-dessus du sol naturel, il a fallu lui créer des berges factices. Dans beaucoup d'endroits ces berges sont trop basses ou trop faibles ; elles sont d'ailleurs composées de terres perméables qui donnent lieu à des filtrations. Il y a longtemps qu'on parle de remédier à cet état de choses qui nuit autant à la rivière vive, en la privant d'une grande partie de son eau, qu'aux terrains voisins sur lesquels cette eau entretient une humidité constante.

On a jadis agité la question de savoir si, lorsqu'un village porte, comme celui de Bièvres, la même dénomination que la rivière qui le traverse, c'est lui qui tient son nom de la rivière ou si c'est elle qui lui a pris le sien. L'abbé Lebeuf s'étend longuement, à ce sujet, dans son *Histoire du diocèse de Paris*, et cite les opinions de deux anciens auteurs qui, étant en désaccord entre eux, ont laissé la question indécise. Il nous semble que la rivière ayant nécessairement existé avant la première agglomération d'habitants venus s'établir sur ses bords, c'est elle qui a dû lui donner son nom. Nous disons la première agglomération, attendu qu'il paraît que les villages de Buc et de Jouy, dont la Bièvre arrose le territoire, en commençant son cours, sont moins anciens que celui de Bièvres, situé plus bas, et en sont même un démembrement.

La question a trop peu d'intérêt pour que nous cherchions à l'approfondir davantage.

L'auteur d'une facétie, publiée en 1749, a prétendu que le nom que porte le cours d'eau venait de ce que, dans des temps très reculés, il était peuplé de castors, appelés bièvres en vieux langage, et qu'un grand mécanicien, excité par l'exemple de ces animaux industrieux, y avait construit un moulin servant à faire la barbe (le moulin de Croulebarbe). La première partie de cette bouffonnerie paraît avoir été prise au sérieux par quelques historiens modernes que nous ne voulons pas citer[1].

Papyre Masson, avocat au parlement de Paris, ami du président de Thou, et qui mourut en 1611, nous a laissé plusieurs livres estimés, notamment une *Description des fleuves de la France*. Comme il avait épousé la petite-fille d'un Gobelin, il a cru devoir consacrer, dans ce dernier ouvrage, quelques pages à la mémoire de la famille de sa femme et indiquer le cours, ainsi que les propriétés, de la rivière à laquelle elle devait sa fortune et sa célébrité. Cependant, malgré la réputation dont la Bièvre jouissait alors, sous divers rapports, n'était-ce pas lui faire beaucoup trop d'honneur que de la mettre sur le même rang que nos grands fleuves[2] ?

Cet auteur n'écrivait qu'en latin; dès lors, il a latinisé les noms de tous les lieux cités dans sa Description. Sous sa plume, Bouvier est devenu *Boverarius;* Guyencourt, *Jancurtius;* Chevreuse, *Caprosa;* Buc, *Butius*, etc. Montaigne avait bien raison quand il disait, dans l'un des chapitres de ses *Essais:* « J'ai
» souhaité souvent que ceulx qui escrivent les histoires en latin
» nous laissassent nos noms touts tels qu'ils sont; car, en faisant
» de Vaudemont *Vallemontanus* et les métamorphosant, pour
» les habiller à la grecque ou à la romaine, nous ne savons où
» nous en sommes et en perdons la cognoissance. »

C'est ce qui est arrivé avec Thomas Corneille, lorsque, dans son *Dictionnaire géographique et historique* publié en 1708, il a voulu décrire à son tour, le cours de la Bièvre, en traduisant simplement le texte de Papyre Masson, sans se donner la peine

---

1. Elle est intitulée : *Dissertation sur l'origine des moulins à barbe*, et a été rééditée par Édouard Fournier, dans son recueil de *Variétés historiques et littéraires*.

2. De nos jours, on a encore considéré cette rivière comme méritant de donner son nom à l'un des paquebots employés aux voyages de long cours.

de rétablir, sous leurs véritables noms, les lieux mis en latin par ce dernier. Le lecteur a de la peine à se reconnaître, quand on le conduit à Bouvery, à Jancourt, à Caprose, à Buty, etc. Il n'est pas moins surpris lorsqu'on lui dit (erreur impardonnable de la part d'un prétendu géographe) que la rivière d'Orge se jette dans la Bièvre.

S'il faut en croire M. Henri Houssaye, auteur du *Premier siège de Paris par les Romains*, la Bièvre aurait joué, dans ce siège, un rôle très important. « L'armée gauloise, dit-il, occu-
» pait derrière le marais de cette rivière, l'espace de terrain
» compris aujourd'hui entre le quai d'Austerlitz et le boulevard
» d'Italie. Le front à défendre était ainsi d'environ deux mille
» cinq cents mètres. Une partie des troupes était placée en pre-
» mière ligne sur les bords mêmes de la Bièvre, l'autre se tenait
» en seconde ligne sur des collines boisées où il y a maintenant
» plus de rues qu'il n'y avait alors de sentiers. De nombreux
» détachements gardaient la rivière jusque du côté de Gentilly,
» d'Arcueil et de Cachant. La position prise par Camulogène était
» excellente, en ce qu'elle présentait deux lignes de défense suc-
» cessives. Si même les troupes de Labienus avaient réussi à
» franchir le marais, quelle eût été leur situation en prenant pied
» sur la terre ferme? Le gros des Gaulois se fût retiré sur Lutèce,
» tandis qu'un grand nombre d'entre eux fût resté sur les col-
» lines. Les Romains se seraient donc trouvés attaqués de front
» et de flanc, ayant leur droite appuyée à la Seine et, pour toute
» ligne de retraite, un marais. Dans l'étroit triangle formé par
» la Seine, le marais et les collines, c'est à peine s'ils auraient
» pu se déployer. »

Lorsque ses eaux n'étaient pas encore corrompues par le travail de nombreuses manufactures, la Bièvre a exercé la verve de quelques favoris des Muses. L'un deux, Raoul Boutrays, qui a publié, en 1611, un poème latin intitulé *Lutetia*, lui a consacré un épisode entier. Il raconte qu'un jeune Troyen, du nom d'Arcolius, qui avait suivi Francus venu sur les bords de la Seine pour y fonder une nouvelle Ilion, rencontra, un jour, une nymphe portant un carquois sur l'épaule et qui, à cause de sa rare beauté, était appelée Gentilia. Celle-ci dédaignait le culte de Vénus et n'était passionnée que pour les plaisirs de la chasse. Dès qu'Arcolius la voit il en devient éperdument épris et veut en faire la conquête. Elle fuit, il la poursuit ; elle fuit toujours et il est près de l'atteindre lorsqu'elle invoque Diane, sa bonne déesse, et la conjure de sauver sa virginité. Sa prière est exaucée, elle est changée en une charmante fontaine et le jeune audacieux n'embrasse qu'une onde qui lui échappe encore. « Cruelle, s'écrie-t-il, si je n'ai pu te posséder lorsque tu étais une nymphe, je jouirai de ta personne, malgré sa nouvelle forme ; je me plongerai, avec délices, dans le sein de tes eaux, et, pour que tu conserves le souvenir de mon amour, j'élèverai sur ton passage des arcs majestueux qui porteront mon nom et sous lesquels tu couleras éternellement. »

C'est ainsi que la Bièvre, avant d'arriver à Gentilly, passait déjà sous les voûtes du premier aqueduc construit à Arcueil.

Un autre poète, Jean de Hauteville, originaire de Normandie et qui vivait vers la fin du XIIe siècle, a décrit, également en vers latins, non seulement les magnifiques jardins qui, de son temps, couvraient le mont Ste-Geneviève, mais encore le palais que la Reine Blanche y avait édifié avant qu'il fût devenu le séjour de plusieurs écoles et d'une studieuse jeunesse. Il n'a pas oublié le frais et limpide ruisseau qui y promenait, en murmurant, ses flots argentés sur un lit semé de parcelles d'or, et dont les bords étaient émaillés de fleurs odorantes qui, par l'éclat de leurs couleurs, rivalisaient avec l'améthyste et l'émeraude [1].

N'est-ce pas le cas de s'écrier, quand on considère son état actuel?

..... *Quantùm mutatus ab illo!*

Mais laissons-là les fictions plus ou moins ingénieuses, et venons à la réalité.

1. Du Boulay, *Histoire de l'Université*, t. II, p. 482.

§ II

Nous ne trouvons, jusqu'à la moitié du XIIe siècle, aucun acte authentique où il soit fait mention de la rivière de Bièvre. Elle arrosait, à cette époque, l'enclos de l'abbaye Ste-Geneviève et y faisait mouvoir un moulin auquel on avait donné le nom de Copeau, en latin *Cupels*. Les religieux de St-Victor auraient bien voulu qu'elle traversât aussi les dépendances de leur monastère; mais, quoique les deux communautés se traitassent mutuellement de sœurs, les moines de Ste-Geneviève qui, en leur qualité de seigneurs, se considéraient comme propriétaires du cours d'eau, avaient constamment refusé de se prêter à un arrangement de ce genre.

St-Bernard, alors abbé de Clairvaux, était très lié avec Gilduin, abbé de St-Victor, et ne manquait pas de l'aller voir, chaque fois qu'il venait à Paris. Dans une de ces visites, celui-ci le pria d'user de son influence auprès d'Odon, abbé de Ste-Geneviève, pour aplanir un différend qui, depuis quelque temps, divisait les deux églises, au sujet de certains droits de prébende, et de faire en sorte que les religieux de St-Victor obtinssent, par forme de transaction, ce qu'ils désiraient avec tant d'ardeur. Les démarches de St-Bernard eurent un plein succès : il en consigna le témoignage, presqu'aussitôt après, dans une lettre écrite en latin, qu'il rendit publique et dont on conserve l'original aux Archives nationales. Cette lettre n'a pas de date, mais tout porte à croire qu'elle est de l'année 1149 ou 1150. C'est le plus ancien document que nous possédions concernant la rivière de Bièvre.

Afin que l'autorité n'en pût être contestée, St-Bernard le fit signer par les évêques de Langres et de St-Malo, ainsi que par l'archidiacre de Paris et deux religieux de son couvent.

Les conditions mises à la dérivation furent que les moines de St-Victor useraient, à leur gré, de toutes les eaux qui leur seraient concédées, que cependant ils ne pourraient établir de moulin ailleurs que dans leur enclos, que ce moulin ne servirait qu'à leur maison, qu'ils le disposeraient de manière à ne porter aucun préjudice à celui des moines de Ste-Geneviève et qu'ils payeraient à ces derniers une redevance annuelle de deux sols parisis.

Le barrage, au moyen duquel s'opéra la prise d'eau, consistait simplement en une pierre plate appelée *patelle* que l'on plaça à environ 140 toises au-dessous du moulin Copeau. Cette pierre, dont les dimensions avaient été réglées d'un commun accord, occupait la largeur entière de la rivière; toute l'eau qui en atteignait la hauteur passait forcément sur les terres voisines, celle qui s'élevait au-dessus continuait à couler dans l'ancien lit. La plupart du temps, cet ancien lit restait presque à sec, c'est pourquoi on ne le voit pas figurer sur quelques anciens plans.

Près de la patelle était un pont en pierre qu'on appelait le pont Didier et qui, paraît-il, a subsisté jusqu'au règne du roi Jean. Nous pensons qu'il dépendait d'un ancien chemin conduisant alors de la porte St-Bernard à Ivry et dont la direction a, plus tard, été changée.

Dans un mémoire sur l'inondation qui désola Paris, en l'an X, l'ingénieur Bralle citait, comme une preuve que le sol de cette ville avait été successivement élevé, la découverte faite, quelques années auparavant, d'un pont en pierre de deux arches, dans le Jardin des plantes, à une profondeur de huit mètres, et sous lequel il est probable, disait-il, que la Bièvre passait autrefois. Cet autre pont devait se trouver, en effet, sur le canal de dérivation dont nous allons parler.

Aussitôt après le traité conclu verbalement par l'entremise de St-Bernard, les moines de St-Victor firent creuser un canal, pour recevoir l'eau qui leur était destinée. Il traversait, de l'est à l'ouest, l'emplacement actuel du Jardin des plantes, ainsi que les dépendances de leur abbaye, dépendances qui s'étendaient de la rue de Seine, aujourd'hui Cuvier, à la rue des Fossés-St-Bernard; puis il côtoyait, de très près, la rue St-Victor, jusqu'à l'endroit où a été élevée ultérieurement l'église St-Nicolas du Chardonnet; arrivé là, il formait un coude vers le nord, longeait la rue de Bièvre et aboutissait à la Seine, entre les grands degrés et la place Maubert. Il portait neuf pieds de largeur dans toute son étendue. Comme un passage lui avait été ménagé à travers la clôture que Philippe-Auguste fit construire quelques années après, la Bièvre se trouvait alors avoir deux embouchures, l'une en dedans, l'autre en dehors des murs de Paris.

En 1500, le tribunal du Châtelet ayant à décider si, comme le prétendaient les religieux de St-Victor, une maison située rue des Bernardins et tombée en déshérence, leur appartenait par droit d'aubaine, une enquête eut lieu pour reconnaître jusqu'où s'étendait la censive de leur abbaye. Il résulta, de l'examen des localités, que le canal dont il s'agit existait encore, suivant le tracé dont nous venons de donner la description.

C'est ici le lieu de faire remarquer combien s'est trompé le commissaire Delamare, dans la confection des plans qui accompagnent le premier volume de son *Traité de la Police*. Il y suppose, en effet, que ce même canal existait déjà du temps des Romains et servait alors d'unique lit à la Bièvre ; il suppose, en outre, que celui dans lequel elle a toujours coulé, jusqu'en 1868, ne remontait pas au delà de la moitié du xiv⁵ siècle. Il s'est encore trompé lorsqu'il a représenté la Bièvre partagée, dès le règne de Charles VI, en deux bras, au-dessus de la rue Mouffetard ; la division, ainsi que nous l'avons vu dans le paragraphe précédent, n'ayant été effectuée que sous le règne de Henri IV. On sait, du reste, qu'il entre beaucoup de fantaisie dans ces plans.

Nous avouerons que nous avons été également surpris de lire dans une décision ministérielle du 24 mai 1875, relative à la proposition de modifier l'ancien mode de répartition des frais de curage de la Bièvre, que le lit de cette rivière, à l'intérieur de Paris, était une œuvre de main d'homme, *parce qu'elle s'épanchait autrefois dans la Seine, à la hauteur du palais Mazarin, au lieu d'y tomber, comme aujourd'hui, en amont du pont d'Austerlitz.* Nous ignorons où on a été prendre que ce cours d'eau ait jamais eu son embouchure là où nous voyons le pont des Arts. On avait bien proposé, en 1626, ainsi que nous le disons plus loin, de la transporter devant Chaillot, afin que la partie de la Seine où puisaient les Parisiens fût débarrassée des malpropretés qu'il y déversait, mais ce projet est resté sans exécution. D'ailleurs, ce n'est pas parce que son lit originaire aurait été déplacé que la Bièvre traverse Paris, c'est parce que le vallon au pied duquel elle coule de temps immémorial a été renfermé dans cette ville, par suite d'une plus grande extension donnée successivement à son enceinte.

Nous ne pousserons pas plus loin cette digression.

Des difficultés ne tardèrent pas à s'élever entre les deux abbayes, au sujet de la patelle servant au passage des eaux concédées ; elles s'accusaient réciproquement d'en modifier la position, afin d'augmenter ou de diminuer le volume de ces eaux. Les contestations eurent tant de retentissement que le roi Louis le Jeune crut devoir interposer son autorité, pour les faire cesser, en donnant, dans ce but, plein pouvoir à deux arbitres de son choix. Ceux-ci rétablirent la patelle dans son état normal et ramenèrent ainsi la paix, mais elle ne dura pas longtemps et fut encore souvent troublée par les mêmes motifs qu'auparavant. C'est alors que les abbés des deux monastères, après avoir rappelé et confirmé, de point en point, les conditions du traité, dans un acte écrit au mois de juin 1202, convinrent de construire à l'entrée du nouveau canal, un mur en pierres de taille retenues par des crampons en fer, pour servir, conjointement avec la patelle, à déterminer d'une manière précise et invariable la quantité d'eau que les religieux de St-Victor devaient posséder.

Lorsqu'en 1243, ces religieux cédèrent à l'évêque de Paris une pièce de terre bordant le canal de la Bièvre, pour y ériger l'église St-Nicolas-du-Chardonnet, ils imposèrent au curé, entre autres conditions, celle de paver le fond de ce canal, le long du nouvel édifice, et de l'entretenir avec soin, se réservant de le faire nettoyer eux-mêmes, quand ils le jugeraient nécessaire [1].

On ne voit pas que, jusqu'au milieu du xive siècle, ces derniers aient été inquiétés dans leur jouissance. Mais le chapitre de St-Marcel ayant acensé à un nommé Gilles Fleureteau un terrain bordant le lit primitif de la Bièvre, près de son embouchure, celui-ci y construisit un moulin et, afin de faire venir à son usine le plus d'eau possible, profita des troubles dans lesquels avait jeté la captivité du roi Jean pour modifier, sinon

---

1. Du Boulay, *Histoire de l'Université*, t. III, p. 140.

démolir, le déversoir qui lui faisait obstacle, en sorte que le canal de dérivation demeura presqu'à sec. Les religieux s'étant plaints de cette voie de fait au prévôt de Paris, ce magistrat, après une enquête à laquelle procédèrent les officiers des Eaux et Forêts, condamna Fleureteau, le 22 janvier 1367, à remettre les choses telles qu'elles étaient auparavant. Ce jugement le privant de la plus grande partie de l'eau nécessaire à son moulin il est probable qu'il renonça à le conserver. Ce qui rend cette supposition vraisemblable est un arrêt des juges de la Table de marbre [1], en date du 14 octobre 1677, autorisant les frères Besson, boulangers à Paris, à en construire un nouveau, au même endroit, que des changements ultérieurs avaient rendu propre à cette installation. Il était destiné à remplacer celui de la Tournelle dont nous parlons plus loin et qu'on venait de démolir. Il prit le nom de moulin du Ponceau, parce qu'il était près du petit pont que, du temps de St-Louis, les officiers municipaux avaient fait édifier sur la Bièvre, dans la traversée du chemin de halage. Ce dernier moulin subsistait encore en 1826, ainsi que son voisin le moulin Copeau.

D'autres sujets de trouble attendaient les moines de St-Victor; Charles V ayant fait creuser de larges et profonds fossés autour de l'enceinte méridionale de Paris[2], les eaux de la Bièvre ne purent plus entrer dans la ville et il fallut songer à leur donner une autre issue. La direction du canal fut alors modifiée. A la

---

1. Nous citerons souvent des jugements de cette juridiction des Eaux et Forêts. Son nom venait de ce que celle qui siégeait à Paris tenait ses audiences dans une salle où se trouvait une table de marbre sur laquelle les plaideurs déposaient, dit-on, leurs placets. Un président du parlement en occupait la première place. Ses décisions étaient sans appel. De pareilles juridictions existaient dans quelques provinces et, par analogie avec celle de Paris, portaient également le nom de Tables de marbre.

2. Quelques historiens prétendent que ces fossés existaient déjà et qu'on ne fit que les élargir.

sortie de l'enclos de l'abbaye, on le fit tourner brusquement à droite et suivre parallèlement la rue des Fossés-St-Bernard, en passant sur l'emplacement de l'ancienne halle aux vins, pour aboutir à côté de la Tournelle; mais, quand on arriva près du chemin de halage, des oppositions furent mises à sa continuation, notamment de la part des officiers municipaux.

Les religieux de St-Victor ayant prié le Roi de les lever, Charles V adressa de Melun, au Prévôt de Paris, le 26 octobre 1368, des lettres dans lesquelles il lui enjoignit de faire achever cet autre canal, tel qu'il avait été commencé, et d'y établir *un poncel de pierre pour l'utilité de la marchandise*, c'est-à-dire pour que le chemin de halage ne fût pas interrompu.

On lit dans Sauval que Charles V commanda à la Ville, le 12 mai 1368, de faire passer, par où il plairait aux religieux de St-Victor, la rivière des Gobelins qui leur apportait beaucoup d'incommodité. C'était, comme on la vu, non parce que cette rivière leur était incommode, mais bien parce qu'elle n'avait plus son ancien cours dans Paris, que ces religieux s'occupaient de lui en procurer un autre. Si d'ailleurs l'ordre dont parle Sauval a effectivement été donné, les lettres citées plus haut montrent qu'on n'en avait pas tenu compte.

En attendant que la Bièvre eût un autre débouché, les moines de St-Victor durent renoncer momentanément à la recevoir chez eux, sans quoi elle y aurait fait beaucoup de ravages. C'est probablement de cette époque que date la suppression du premier moulin qu'ils avaient établi dans leur enclos. On en construisit un autre à tan sur le nouveau canal et auquel on donna le nom de la Recouvrance, sans doute en mémoire de l'eau dont on était rentré en possession avec tant de peines. Ce dernier, qui existait encore en 1575, fut remplacé, plus tard, par un moulin à blé qui a subsisté jusqu'en 1672 et qui était situé près de l'embouchure du canal; on l'appelait, pour cette raison, le moulin de la Tournelle.

Une grande partie de ce qui précède a déjà été l'objet d'un mémoire que Bonamy, historiographe de la ville, a fait insérer, en 1740, avec un plan, parmi ceux de l'Académie des Inscriptions et Belles-Lettres. Ce plan aidant beaucoup à l'intelligence des faits, nous en joignons ici une copie.

Il y a peu d'années, pendant que l'on construisait le pont de Sully, les excavations pratiquées sur la rive gauche de la Seine firent apparaître l'extrémité de l'enceinte de Philippe-Auguste et quelques substructions du bâtiment de la Tournelle. En amont du nouveau pont on dégagea l'embouchure d'un bras de rivière qui traversait anciennement les dépendances de l'abbaye St-Victor; elle fut trouvée à la place que lui assigne le plan mentionné ci-dessus.

Les moines de cette abbaye ne considéraient que comme provisoire le canal de la Bièvre aboutissant près de la Tournelle et ils ne cessaient de solliciter le rétablissement de celui que les fossés creusés ou élargis, en 1368, avaient interrompu, attendu que les immeubles qui le bordaient étaient en leur censive. Pour qu'il en fût ainsi, il fallait construire, sur ces fossés, un pont-viaduc, ce qui devait occasionner une assez forte dépense. Cependant, il résulte des lettres dont nous allons parler que des dispositions avaient été prises pour l'exécution de cet ouvrage, mais que les pierres préparées, à cet effet, avaient été employées à l'édifice du petit Châtelet. Ces autres lettres, datées de Paris, le 26 août 1390, sont adressées par Charles VI à un Trésorier de France. Le Roi y dit que lorsque la Bièvre entrait dans la ville elle contribuait à la décoration tant des collèges

La Bièvre, nouvelles recherches historiques sur cette rivière et ses affluents. Page 18.

PLAN
tiré des titres originaux de
l'abbaye Saint-Victor.
Il montre le canal de la
rivière de Bièvre creusé vers
l'an 1150, et celui qui l'a
remplacé en partie, en 1368.

des Bons-Enfants, du cardinal Lemoine et de St-Bernard que de plusieurs maisons particulières; que, depuis lors, les quartiers qu'elle ne traversait plus étaient devenus inhabités; que, d'un autre côté, par suite de nombreux abus, le canal qui lui avait servi de lit était rempli d'immondices, ce qui causait une grande infection. Il demandait qu'il fût remédié à tous ces inconvénients et que l'on avisât aux moyens de faire revenir le cours d'eau dans Paris aux moindres frais possibles.

Ces prescriptions n'ayant point été observées, le canal changea peu à peu de destination; il servit d'égout aux rues d'une partie des quartiers St-Nicolas-du-Chardonnet et de la montagne Ste-Geneviève. Il paraît que Louis XI avait donné des ordres pour qu'il fût curé avec soin, aux frais des habitants du voisinage. On trouve, en effet, un acte de l'année 1464, par lequel le collège des Bernardins prenait des mesures pour acquitter la part qui serait mise à sa charge dans la dépense de l'opération [1].

On trouve également, dans Félibien [2], un arrêt du parlement, en date du 23 septembre 1473, portant : « Les présidents ont
» ordonné et ordonnent que le lieutenant criminel du Chastelet
» de Paris se transportera en et sur la rue de Bièvre et appellera
» les voisins et advisera la manière de faire vuider les immon-
» dices étant devant Sainct-Nicolas-du-Chardonneret et au long du
» cours où souloit courir la rivière de Bièvre jusques à la rivière
» de Seine. Et pour avoir argent pour faire la dicte vuidange se
» assembleront Mes Raoul Pichon et André Robinet, conseillers
» du Roy en la court de séant et aussi le dict lieutenant et ceux
» qu'il verra que à faire sera, et imposera sur eux et les autres
» voisins la dicte dépense raisonnablement. Toutes voyes, s'ils
» voyent que la punaisie de la dicte vuidange soit périlleuse, ils

---

1. Dom. Martène, *Thesaurus anecdotorum*, t. IV, p. 1029.
2. *Histoire de Paris*, t. IV, p. 600.

» feront attendre à faire la dicte vuidange jusques en autre
» temps convenable. »

Ces nouvelles prescriptions ne semblent pas avoir été suivies de plus d'effet que les précédentes.

Les registres de l'Hôtel de ville nous apprennent que Louis XII avait fait savoir aux officiers municipaux qu'il désirait, lui aussi, que la Bièvre reprît son cours dans Paris, afin que les quartiers où elle passait autrefois en fussent plus nets et moins insalubres. Son canal était déjà couvert, en partie, de constructions élevées par les riverains, et il résulte d'une visite opérée le 16 avril 1512, après Pâques, qu'il était toujours rempli d'immondices et servait de fosses d'aisances à une foule de maisons. Il n'était donc pas possible, en cet état, de le rendre à sa destination primitive. Douze jours après, les Prévôt des marchands et Échevins crurent devoir s'adresser au parlement, pour que des mesures fussent prises en vue de faire cesser tous ces abus. Bien que ce dernier eût écrit au bas de la requête : *Fiat preceptum, et in casu opposicionis adjournentur opponentes in Curiâ*, il paraît qu'on ne fit rien et que le canal continua à servir uniquement d'égout. Il était devenu si infect, en 1554, que l'on craignait qu'il n'attirât la peste et autres maladies contagieuses. Une ordonnance du Bureau de la ville, en date du 19 avril, enjoignit à tous les auteurs d'entreprises qui faisaient que les eaux ne coulaient pas ou étaient empestées, de faire connaître les autorisations en vertu desquelles ils avaient agi, sinon que le tout serait démoli. Les uns sollicitèrent des délais pour apporter les justifications demandées, les autres déclarèrent n'avoir aucun titre, mais que l'état de choses existait depuis plusieurs siècles, et l'on en resta encore là.

Enfin, une autre ordonnance du même Bureau prescrivit, le

26 août 1570, aux propriétaires et locataires de maisons situées sur et le long dudit canal, de supprimer, sous quinzaine, les sièges à privés qui y débouchaient, d'en nettoyer complètement le lit, d'en réparer les voûtes et de n'y faire, à l'avenir, aucun travail, sous peine de cent livres d'amende et de prison en cas de récidive. Mais nous ne voyons pas qu'elle ait eu plus de succès que les autr s.

A défaut d'entretien et de répression des contraventions qui s'y commettaient, ce bras de rivière finit par être comblé de proche en proche et les riverains disposèrent, sans rencontrer d'oppositions, de l'emplacement qu'il avait occupé. Bonamy dit qu'il n'en restait, en 1660, qu'une longueur de trente-cinq toises du côté de la rivière de Seine et que, depuis lors, elle avait également été supprimée.

Cependant une partie des eaux de la Bièvre continuait toujours à couler dans l'autre lit artificiel qui débouchait près de la Tournelle. Les bouchers de Ste-Geneviève avaient pris l'habitude de venir vider et laver les panses et tripes des animaux qu'ils abattaient, dans l'espace compris entre la patelle dont nous avons souvent parlé et les murs de l'abbaye St-Victor. Les religieux souffraient considérablement de cette pratique. D'un autre côté, elle causait un certain dommage à quelques drapiers établis au-dessous du point où elle s'opérait. Le parlement, saisi de leurs réclamations, ordonna aux bouchers, par un arrêt du 4 juillet 1376, d'aller vider les intestins de leurs bêtes sur un terrain, alors en friche, situé à la place où nous voyons aujourd'hui l'hospice de la Salpêtrière, et de venir ensuite les laver, non plus dans le canal de dérivation, mais bien dans le lit naturel de la Bièvre et vers son embouchure. On leur assigna, plus tard, les abords du pont appelé, pour cette raison, le pont aux Tripes, dans la rue Mouffetard.

Lorsque le ruisseau de Rungis eût été, une seconde fois, détourné de son cours, les eaux que débitait ordinairement la Bièvre, dans sa partie inférieure, baissèrent d'une manière très sensible; elles perdirent d'ailleurs beaucoup de leur limpidité et devinrent tout à fait impropres aux usages domestiques, par suite de l'emploi qu'en faisaient les manufacturiers, de plus en plus nombreux, qui venaient se fixer au faubourg St-Marcel, en sorte que les religieux de St-Victor, loin de tirer, comme autrefois, de l'utilité et de l'agrément du peu qui en passait par le canal qu'ils continuaient à entretenir, s'en trouvèrent très embarrassés; d'un autre côté, on se plaignait de ce que, pendant les chaleurs de l'été, ce bras de rivière empestait le voisinage. En conséquence, un arrêt du Conseil, daté du 3 décembre 1672, ordonna sa suppression; un second arrêt, en date du 5 mai 1674, prescrivit aux riverains de le combler immédiatement, chacun en droit soi, d'en réunir le terrain à leur propriété et d'en payer la valeur aux moines de St-Victor.

Dulaure et quelques autres historiens se sont donc trompés, en supposant que ces dispositions s'appliquaient à l'autre bras débouchant près de la place Maubert et dont il ne restait alors plus de trace.

Un grand nombre des riverains refusèrent, sous différents prétextes, d'acquitter les sommes auxquelles des experts avaient fixé leurs portions contributives; on était, en outre, en désaccord quant au point de départ des intérêts. Les contestations duraient depuis de longues années, lorsque, le 3 mai 1696, l'évêque d'Orléans, alors abbé de St-Victor, obtint un arrêt du Conseil privé qui y mit complètement fin. Toutefois, ses religieux n'avaient pas comblé le canal dans l'intérieur de leur enclos; ils s'étaient contentés de le couvrir et s'en servaient, comme d'un égout, pour l'écoulement des eaux de leur maison. Ce travail leur avait coûté, disaient-ils, près de seize mille livres.

C'est ainsi que la Bièvre cessa d'avoir deux embouchures et ne conserva que l'ancien et unique cours qu'elle avait eu, jusqu'au règne de Louis le Jeune.

Lorsque le curage de cette petite rivière importait à la salubrité publique, on y procédait d'office, sous la direction d'un commissaire du Châtelet qui répartissait ensuite les frais de l'opération entre les riverains; on en trouve de nombreux exemples. En 1373, les moines de Ste-Geneviève plaidèrent, avec beaucoup d'ardeur, contre ceux de St-Victor, sur la question de savoir à qui incombait la dépense du curage de la section comprise entre le moulin Copeau et l'origine du canal de ces derniers. Le Prévôt de Paris, alors Hugues Aubriot, désireux de faire cesser des débats si regrettables et qui se renouvelaient à la moindre occasion, offrit de payer, de ses propres deniers, une partie de cette dépense; Jehan Day, avocat au parlement, consentit, à raison de l'affection qu'il portait à la communauté de St-Victor, dont il était d'ailleurs le conseil, à en prendre une autre partie à sa charge; les moines de Ste-Geneviève ne firent plus alors de difficulté d'acquitter le surplus. L'accord fut homologué, en ces termes, par une sentence du 27 décembre 1374.

Plus tard, quand les meuniers ou autres se plaignaient de ce que le défaut de curage empêchait les eaux d'avoir leur libre cours et même les forçait souvent à sortir de leur lit, les officiers des Eaux et Forêts étaient appelés à y remédier. Au faubourg St-Marcel le curage était quelquefois ordonné par le voyer de Ste-Geneviève. Dans ce cas, les contestations auxquelles il donnait lieu étaient portées devant le Bailly de cette communauté, ainsi qu'on le voit par une sentence du 18 août 1639 et autres subséquentes.

On trouve un jugement rendu au Châtelet, le 11 janvier 1658, qui condamne les religieux de Ste-Geneviève à remettre en bon état le parapet d'un pont situé rue de Seine, sur le canal de dérivation de la Bièvre, et qui s'était écroulé, attendu qu'ils étaient tenus, en leur qualité de seigneurs, de pourvoir à la sûreté des passants.

Par un acte du 14 septembre 1676, les mêmes religieux ayant abandonné aux syndics de cette rivière les droits qu'ils pouvaient avoir, en censive ou autrement, sur un autre pont que l'on venait de reconstruire, rue Mouffetard, les juges de la Table de marbre décidèrent, le 19 juin 1681, que désormais ils cesseraient de contribuer dans la dépense du curage, sous cet ouvrage appelé, depuis longtemps, le pont aux Tripes.

§ III

De même que tous les cours d'eau qui, lorsqu'ils occupent le fond d'une vallée, sont dominés par plusieurs collines et reçoivent de nombreux affluents, la Bièvre dut grossir et sortir de son lit, quand survenaient des pluies torrentielles ou que les premières chaleurs faisaient fondre subitement les neiges tombées pendant l'hiver. Ces accidents durent surtout se produire avant que les eaux des plateaux argileux situés à l'ouest de Versailles, lesquelles prenaient leur cours naturel vers cette rivière, eussent été, sous Louis XIV, recueillies, comme elles le sont encore aujourd'hui, dans de vastes étangs.

Tant que les bords de la Bièvre restèrent en culture de prairies ou ne furent pas couverts d'habitations, les inondations causèrent peu de dommage et passèrent, pour ainsi dire, inaperçues; ce qui explique pourquoi les annalistes n'en ont pas parlé. Mais, après que des populations industrieuses eurent envahi ses rives et furent venus s'installer jusque dans son lit, les eaux, en s'élevant au-dessus de leur hauteur ordinaire, occasionnèrent nécessairement des sinistres qui, par leur gravité, fixèrent l'attention des contemporains.

Le premier débordement dont ils fassent mention eut lieu le 15 mai 1526. Corrozet qui, paraît-il, l'a cité avant tous les autres historiens, dans son livre de la *Fleur des antiquités de la ville de Paris*, s'est borné à nous dire que la Bièvre s'enfla de telle sorte que la plupart des rues du faubourg St-Marcel et les maisons, jusqu'au deuxième étage, étaient dans l'eau. Ceux qui sont venus après lui ne nous en ont pas appris davantage.

Un procès-verbal inséré dans les registres du parlement fait connaître que, le mercredi 10 juin 1573, une crue extraordinaire de cette rivière renversa, en partie, les murs du monastère du Val-profond, qui existait alors près du village de Bièvres. On ne voit pas qu'il ait été question ailleurs de cet autre débordement.

La plus grande inondation dont le faubourg St-Marcel ait été affligé, arriva à la suite de pluies continuelles, le mercredi 8 avril 1579. D'après le journal tenu par l'Estoile, la Bièvre crût, par forme de torrent, à la hauteur de 14 à 15 pieds, et se répandit jusqu'au grand autel de l'église des Cordelières. Pendant trente heures, ou un peu plus, que dura cet état, elle abattit une multitude de moulins, murailles et maisons, fit périr plusieurs personnes, noya une grande quantité de bétail et causa un mal infini.

Le samedi suivant, la cour du parlement, accompagnée du corps municipal, fit célébrer à Notre-Dame une messe solennelle pour apaiser la colère divine qui, disait-on, paraissait éclater si manifestement, et, deux jours après, une procession générale eut lieu à Paris, dans le même but.

M. Maurice Champion a réédité, dans son 1er volume *Des inondations de la France*, plusieurs récits présentant un tableau navrant de cet épouvantable désastre qu'on appela le *Déluge de St-Marcel*.

Il s'écoula près d'un-demi siècle avant qu'on eût à déplorer un pareil accident, mais une autre inondation, dont les conséquences, pour n'être pas si funestes que celles de la précédente, n'en furent pas moins dommageables, eut lieu en 1625. Voici ce qu'on lit, à ce sujet, dans les registres de l'Hôtel de ville.

« Nota, que la nuict du jour de la penthecoste, 18e jour de
» may 1625, la petite rivière des Gobelins du faulbourg Sainct-
» Marcel desborda si furieusement et de telle façon que, en l'es-
» pace de temps de deux ou trois heures, tout led. faubourg était en
» eau et en rivière jusques au premier plancher des chambres,
» dont tous les locataires furent si effrayez, la voyant croistre si
» vite, et n'ayant aulcun moyen de eulx sauver, qu'ilz pensoient
» estre tous perduz et noyez. Et commença lad. crue d'eau à
» 2 heures après minuilt, d'entre le jour de la penthecoste et le
» lundy. Mais sur les 10 heures du matin, les eaux commen-
» cèrent à s'escouler et diminuer. Ce petit déluge, ainsy se doilt-il
» appeler, feit en si peu de temps de grands ravages, ayant
» abattu et démoly grande quantité de murailles, ruyné et
» perdu plusieurs beaux jardins tant dud. faulbourg S. Marcel
» que de S. Victor, l'eau estant dedans de plus de huict pieds
» de haut. »

Il résulte d'une sentence interlocutoire rendue par la maîtrise des Eaux et Forêts de Paris, le 31 mai 1625, que les habitants du faubourg St-Marcel attribuaient ce sinistre au défaut de curage et d'entretien des parties de la rivière dont les meuniers étaient tenus. Avant de statuer sur leurs réclamations, le juge se réservait de procéder à une enquête, mais il ne paraît pas qu'il ait été donné suite à l'affaire.

L'année d'après, un nommé Charles de Lamberville, avocat au Conseil privé et au parlement, publia un petit volume, devenu très rare, intitulé : *Discours politiques et économiques dédiés au Roy*. Dans l'un de ces discours il indiquait les moyens de prévenir de tels malheurs qui, suivant lui, provenaient d'abord de ce que la Bièvre était *portée* (il voulait dire que, loin de suivre le thalweg de la vallée, elle coulait dans un lit artificiel creusé sur le flanc du coteau), puis, de ce qu'elle se dirigeait d'occident en orient et, dès lors, contre le cours du soleil. Les immondices qui s'accumulaient sur des grilles en fer qui fermaient un clos situé près du moulin de Cachant et l'empêchaient ainsi d'avancer, joint à son défaut de curage, contribuaient également, disait-il, à la faire déborder. Pour remédier à ces inconvénients et procurer, en même temps, l'eau qui lui manquait déjà pendant l'été; pour éloigner, en outre, les causes d'insalubrité dont les Parisiens avaient à souffrir, par suite du déversement, dans la Seine, des déjections provenant des tueries, tanneries et mégisseries déjà établies au faubourg St-Marcel, il était d'avis : 1° d'obliger les meuniers à tenir leurs vannes et palées nivelées, à proportion de l'eau qu'ils devaient avoir; 2° de contraindre tous les propriétaires riverains à conserver à la rivière son ancienne largeur et à la curer trois fois par an; 3° de veiller à ce que les berges en fussent maintenues un pied plus haut que les vannes des moulins; 4° de s'opposer à ce qu'on y fît des coupures, pendant l'été, pour arroser des prés ou remplir des étangs et viviers; 5° de prescrire de ne pêcher ceux de ces réservoirs alors existants qu'en temps de sécheresse; 6° de défendre de planter des arbres à moins d'une distance de deux toises pour la rivière vive et d'une toise pour la rivière morte ou faux ru; 7° de terminer promptement les travaux destinés à recueillir les eaux de l'Hay et de Chevilly, pour suppléer à celles de Rungis; 8° enfin, de faire déboucher la Bièvre, non plus au-dessus de Paris, mais au-dessous, devant Chaillot, au moyen d'un canal qui aurait été construit, partie en souterrain, partie à ciel ouvert [1].

---

1. Dans la pensée de l'auteur, ce canal aurait eu un autre but, celui de donner plus d'espace aux tanneurs et mégissiers qui se trouvaient déjà à l'étroit au faubourg St-Marcel.

Il ne paraît pas que les six premières propositions aient été prises en considération; du moins ne trouve-t-on pas qu'elles aient fait alors l'objet de mesures réglementaires. Quant aux travaux projetés à l'Hay et à Chevilly, il n'y avait plus à s'en occuper, attendu qu'ils venaient d'être achevés. Mais nous verrons, dans la seconde partie de cette notice, que c'est de nos jours seulement que la dérivation de ce cours d'eau a été exécutée.

Une nouvelle inondation, que les historiens ont à peine citée et dont cependant les effets furent déplorables, se produisit, le 21 février 1665. Quelques jours après Guy Patin écrivait :

« La petite rivière des Gobelins a bien fait du ravage dans les
» faubourgs de St-Marceau; elle a débordé en une nuit et y a
» bien noyé des pauvres gens : on en comptait hier quarante-
» deux corps qui avaient été repêchés, sans ceux que l'on ne
» sait pas. »

Nous lisons, en outre, dans un rapport officiel : « La rivière
» des Gobelins, le 21 février 1665, augmenta à deux heures de
» relevée de six à dix pieds et demeura en cet état jusqu'au
» soir du lendemain. Elle abattit trois logis, en endommagea
» plusieurs autres, au nombre de cinquante, et noya quarante
» personnes. »

L'administration jugea, cette fois, qu'il était de son devoir de se préoccuper elle-même des causes de si grandes calamités et des moyens de les éviter. A cet effet, au défaut des officiers des Eaux et Forêts, le Bureau des finances commit trois de ses membres qui s'adjoignirent le Maître général des œuvres de charpenterie du Roi, le Voyer de Paris, les Échevins de St-Marcel et quelques notables habitants de ce faubourg. Après avoir visité la rivière, à plusieurs reprises, et remonté jusqu'au village de Bièvres, ils reconnurent que le débordement provenait, premièrement de ce que son cours était entravé par des usines et par le manque de débouché qu'offraient les ponts établis sur certaines rues, et secondement, de ce que son lit avait été rétréci, en divers endroits, par les riverains et était envahi par un grand nombre de murs dans lesquels des ouvertures n'existaient pas pour le passage des eaux ou étaient trop étroites. Ils proposèrent, en conséquence, de supprimer les trois moulins du faubourg St-Marcel [1], de creuser un canal de décharge à l'aval du pont aux Tripes et de donner à ce pont, ainsi qu'aux autres, des dimensions convenables, le tout aux frais du Roi. Les particuliers auraient eu à restituer le terrain par eux usurpé et à pratiquer, dans leurs clôtures, des arcades suffisantes.

Il intervint, le 15 octobre 1665, un arrêt du Conseil portant que le Roi voulant qu'il fut pourvu à la sûreté des habitants du faubourg St-Marcel contre les inondations et débordements de la rivière des Gobelins et empêcher, à l'avenir, la ruine de leurs maisons, ainsi qu'il était arrivé par le passé, approuvait toutes les mesures proposées et chargeait les trois commissaires d'en assurer l'exécution.

En attendant qu'il fût possible de commencer le canal projeté et la reconstruction des ponts, les commissaires prescrivirent, par plusieurs ordonnances, aux propriétaires des héritages bordant la rivière, de démolir tous les murs situés sur les berges, de la curer, tous les ans, chacun en droit soi, de lui donner partout neuf à dix pieds de largeur et d'arracher tous les arbres qui s'opposaient à l'écoulement des eaux. Ils défendirent, en outre, aux blanchisseurs de toile d'y établir aucuns batardeaux.

S'il faut en croire le continuateur du *Traité de la Police*, l'arrêt du 15 octobre 1665 demeura sans effet. Il est vrai que les moulins ne furent pas démolis, mais nous avons acquis la certi-

---

1. Le quatrième moulin, celui dit du Ponceau, n'existait pas encore.

tude qu'on fit, sinon tous les travaux ordonnés, du moins ceux qui regardaient le Roi. Dans tous les cas, si parfois la Bièvre sortait de nouveau de son lit, elle faisait bien moins de ravages qu'auparavant.

Une partie des débordements était d'ailleurs attribuée à l'usage où étaient les propriétaires d'étangs de les mettre à sec, lorsqu'ils voulaient en prendre le poisson. En 1671, le Grand Maître des Eaux et Forêts leur prescrivit, par une ordonnance dont nous rappelons un peu plus loin les dispositions, de ne plus les vider qu'après en avoir prévenu les habitants des faubourgs St-Marcel et St-Victor, afin que ceux-ci se tinssent sur leurs gardes.

Le 16 janvier 1677, le lieutenant de police de la Reynie écrivait à Colbert, en lui rendant compte des craintes que l'on avait pour les ponts de Paris, par suite des glaçons que charriait la Seine : « La rivière des Gobelins a été aussi extrêmement débordée ; mais, comme la rivière de Seine ne l'a pas été à proportion, ce torrent, qui a eu son cours et sa décharge par ce moyen, n'a fait d'autre désordre, dans le faubourg où il passe, que celui d'abattre quelques murs à l'hôpital de la Miséricorde. »

Deux ans après, afin d'éviter les accidents qui auraient pu survenir à la suite de l'hiver rigoureux qu'on venait de subir, le même magistrat ordonna, le 2 février 1679, aux riverains de la Bièvre, de casser immédiatement les glaces, chacun en droit soi, et d'enlever, avec soin, tous les objets de nature à empêcher l'écoulement des eaux. Il enjoignit même à ceux dont les maisons bordaient les endroits les plus resserrés de la rivière de déménager, avec leurs meubles, aussitôt que commencerait le dégel[1].

---

1. Dans le même but, le Grand Maître des Eaux et Forêts prescrivit également, le 25 janvier 1763, à tous les riverains de la Bièvre, au faubourg St-Marcel, de

D'autres débordements eurent lieu, plus tard, mais ils furent causés par des crues extraordinaires de la Seine. Ainsi, en décembre 1740, lorsque Paris était presque tout submergé, Barbier écrivait, dans son journal, que la rivière des Gobelins était sortie de son lit et que le faubourg St-Marceau était plein d'eau. Le même fait se reproduisit en l'an X; en effet, le mémoire que l'ingénieur Bralle a publié, sur l'inondation de cette année, porte que les eaux de la rivière de Bièvre, refoulées par celles de la Seine et grossies par ses affluents, franchirent les berges et inondèrent tous les terrains qui bordent ses rives, tant dans Paris qu'au delà de ses murs.

Quelquefois encore les eaux de cette petite rivière gonflent subitement par suite d'orages, comme il est arrivé, le 25 mai 1806, dans le département de Seine-et-Oise, où des berges ont été rompues et des murs renversés. Leur volume augmente aussi, tout à coup, lorsque les pluies prolongées de l'hiver ont complètement rempli les étangs de Versailles et que le vent vient à soulever les eaux et à les pousser vers les digues; mais alors il en résulte généralement plus d'avantages que d'inconvénients pour les riverains, à la condition que le déversement ait lieu modérément.

casser, enlever ou déposer sur les quais, chacun en droit soi, les glaces qui s'étaient formées dans cette rivière, depuis six semaines, sinon qu'il y serait mis des ouvriers à leurs frais, à la diligence des syndics.

§ IV

Bien que la Bièvre ait son cours dans une direction opposée à Versailles et que la vallée où elle prend sa source soit située au-dessous de cette ville, ses eaux ont néanmoins servi, plusieurs années, aux différents usages du château de Louis XIII, même après qu'il eut été agrandi et embelli par Louis XIV. On commença par les retenir dans un petit étang établi près du hameau de la Minière et auquel on avait donné le nom d'étang du Val; puis, l'on construisit le long de la côte appelée le Désert, une série de pompes mues par cinq moulins à vent, à l'aide desquelles on les élevait sur la colline; elles étaient ensuite reçues dans des réservoirs et de là dans un grand bassin placé sur le haut de la butte de Satory, bassin dont la forme et l'emplacement se reconnaissaient encore, il y a trente ans; après quoi des conduites les amenaient à Versailles.

Ce système, tout imparfait qu'il était, put subvenir, dans l'origine, avec quelques autres eaux de sources, aux besoins qu'il était destiné à satisfaire et l'on s'en contenta, pendant longtemps; mais, plus tard, il devint insuffisant; toutefois, on continuait à l'utiliser après qu'on eut fait venir dans la ville royale les eaux des étangs de Trappes et de Bois d'Arcy, et il ne cessa de fonctionner, tout à fait, que lorsqu'on put disposer de celles de l'étang de Saclay, c'est-à-dire vers l'année 1680.

On avait aussi eu l'intention, quelque temps avant la Révolution, de recourir à la Bièvre pour alimenter une partie des fontaines publiques de Paris, voici dans quelles circonstances.

En 1762, Antoine Deparcieux, l'un des membres de l'Académie royale des Sciences, pour suppléer à la pénurie des eaux dont cette ville disposait alors, conçut l'idée de conduire derrière l'Observatoire, au moyen d'un aqueduc en maçonnerie, la rivière de l'Yvette qui a sa source entre Versailles et Rambouillet et se jette dans l'Orge, un peu au-dessus de Savigny ; mais il mourut avec le regret de n'avoir pas vu exécuter son projet. Cependant, la nécessité de donner aux habitants de la Capitale des eaux plus abondantes que celles qui leur étaient distribuées par les machines du pont Notre-Dame et de la Samaritaine s'imposant, chaque jour, davantage, le Gouvernement tourna également ses vues du côté de l'Yvette. En conséquence, un arrêt du Conseil, en date du 31 juillet 1769, chargea deux habiles ingénieurs des Ponts et Chaussées, Perronet et Chézy, de revoir le travail de Deparcieux, d'y faire les amendements qu'ils jugeraient convenables et de produire une estimation rigoureuse de la dépense. Nous ne décrirons point le résultat des études auxquelles ils se livrèrent[1] ; nous dirons seulement qu'ils proposaient de réunir à l'Yvette la rivière de Bièvre qui aurait été captée au village de ce nom et serait venue tomber dans l'aqueduc projeté, presqu'en face du village de Massy. Tous les frais de l'opération se seraient élevés à près de huit millions de livres.

La Ville se trouvant hors d'état de pourvoir à une pareille dépense, l'affaire en était restée là, lorsque, peu d'années après, le sieur de Fer de la Nouerre, ancien capitaine d'artillerie, et l'auteur d'un ouvrage traitant de plusieurs sujets, intitulé : *La Science des canaux navigables*, se fit fort de la mener à bonne

---

1. Leur mémoire a été inséré, en 1775, parmi ceux de l'Académie royale des Sciences.

fin, avec un million au plus et dans une seule campagne, en modifiant, sur quelques points, le tracé primitif et en substituant une rigole en terre à l'aqueduc en maçonnerie ; il prenait d'ailleurs la Bièvre à Amblainvilliers et, par conséquent, beaucoup plus près de Paris.

Des propositions si avantageuses séduisirent le Gouvernement, et les lettres échangées entre le Prévôt des marchands et le baron de Breteuil, lettres dont il est fait mention dans les registres de l'Hôtel de ville, montrent que ce ministre tenait beaucoup à ce qu'on les agréât. Un examen sommaire fait par quelques membres de l'Académie royale des Sciences leur ayant été favorable, un arrêt du Conseil, daté du 21 mai 1786, ordonna qu'elles seraient soumises à une commission administrative. Celle-ci ayant déclaré que rien ne paraissait devoir s'opposer à ce qu'il fût donné suite au projet, tout en manifestant quelque doute sur sa réussite, un autre arrêt du Conseil, en date du 3 novembre 1787, revêtu de lettres patentes adressées, le même jour, à l'intendant de la généralité de Paris, autorisa le sieur de Fer à l'exécuter, à ses frais, risques et périls, en commençant par la dérivation de la Bièvre. Il disposait, bien entendu, des eaux qui seraient amenés sur les hauteurs de la Capitale et les vendait à son profit, moyennant des prix déterminés. Il évaluait leur propriété à plus de cent vingt millions.

Lorsqu'il eut déposé entre les mains du trésorier de la Ville, ainsi qu'il s'y était engagé, la somme de 400,000 livres destinée au payement des dépenses, les travaux s'ouvrirent immédiatement et l'entreprise, mise en commandite, trouva un certain nombre d'actionnaires[1]. Mais, des difficultés ne tardèrent pas à s'élever, au sujet de l'occupation de plusieurs terrains dont

---

1. Le concessionnaire avait créé 4,800 actions, de chacune 1,200 livres, payables en douze années. Au commencement de 1789, il annonçait avoir déjà encaissé 461,000 livres.

les indemnités n'avaient été ni acquittées, ni même consenties. Les riverains se plaignaient, en outre, de voies de fait exercées par les agents subalternes du concessionnaire. Après une enquête très minutieuse opérée par les officiers des Eaux et Forêts, depuis Amblainvilliers jusqu'à Antony, et dont le procès-verbal a été imprimé, le parlement, déjà en lutte avec le Pouvoir et qui n'était pas fâché d'affirmer son indépendance ou plutôt sa suprématie, prit, par deux arrêts en date des 3 décembre 1788 et 7 février 1789, les réclamants sous sa sauvegarde et fit défense au sieur de Fer et à ses ouvriers de continuer les travaux, à peine de prison. Le Gouvernement crut voir dans ces actes une atteinte portée à l'autorité souveraine et la nullité en fut prononcée par un arrêt du Conseil du 14 février 1789. L'intendant de la généralité de Paris reçut, de nouveau, la mission d'instruire les litiges et de les juger en dernier ressort.

Cependant, les oppositions n'en devinrent ni moins nombreuses ni moins vives, surtout de la part des industriels établis le long de la Bièvre, qui se regardaient comme propriétaires des eaux qu'elle débitait. Ils évaluaient à plus de vingt millions les dommages que leur causerait la dérivation projetée, sans compter qu'elle serait la ruine d'une quantité considérable de familles. Enfin, le sieur de Fer n'était à leurs yeux qu'un spéculateur avide et déhonté qui cherchait uniquement à s'enrichir à leur détriment[1].

---

1. Pour faire croire aux commissaires nommés, en 1786, que son projet était praticable, le sieur de Fer, qui avait déjà creusé une partie de sa rigole, barra, pendant quelques jours, à Bourg-la-Reine, le ruisseau dit la Fontaine des Moulins et lâcha, tout à coup, les eaux qu'il avait retenues, de manière à en faire parvenir une partie à Arcueil, donnant à entendre qu'elles venaient de l'Yvette. Peu de jours après, le *Mercure de France* annonçait, en effet, que 24 pouces d'eau de cette rivière étaient arrivés au bassin d'Arcueil, le 8 février 1787, à midi et que, dès lors, le succès de l'opération projetée se trouvait démontré. De quel nom qualifier de pareils procédés qui malheureusement se renouvellent encore quelquefois de nos jours?

Le Gouvernement craignit d'avoir agi trop précipitamment et un nouvel arrêt du Conseil, en date du 11 avril 1789, considérant que l'affaire n'avait nullement été examinée sous le point de vue de la conservation des manufactures du faubourg St-Marcel et que le dépôt de 400,000 livres ne suffirait même pas à payer les dommages, ordonna également de suspendre les travaux, jusqu'à un plus ample informé.

Cette dernière décision fut l'arrêt de mort du projet; aucune autre, en effet, n'est intervenue pour le faire revivre, malgré les nombreuses démarches du sieur de Fer et la lettre suivante adressée par lui, le 28 messidor an II, aux commissaires composant le ministère des Travaux publics, lettre que l'on conserve aux archives de ce département.

« Dans l'intention de concourir aux vues du Comité de salut pu-
» blic indiquées dans son arrêté du 10 messidor, je vous adresse
» le plan du canal de l'Yvette (Il aurait dû dire de la Bièvre).
» Ce canal qui peut donner instantanément à la ville de Paris
» 40 pouces d'eau; dans moins de trois mois plus de 600 pouces,
» enfin en moins de deux ans plus de 4,000, mérite, sans doute,
» de fixer votre attention. J'ai offert à la Convention nationale,
» par l'organe de son Comité des domaines, mes droits à ce
» canal, sauf l'indemnité légitime; je réitère aujourd'hui cette
» même offre. Au premier ordre, Citoyens, que vous me ferez
» notifier, je remettrai les plans en grand de la partie de ce canal
» qui est comprise entre Amblainvilliers et l'aqueduc d'Arcueil,
» avec les divers renseignements nécessaires pour son exécu-
» tion. »

Le manque d'argent et les graves événements qui se succédaient alors avec tant de rapidité, n'ayant pas permis au Gouvernement de prêter l'oreille à ces propositions, les dépenses qui avaient été effectuées, jusqu'à ce moment, et qui s'élevaient à plus de 250,000 livres, devinrent en pure perte, et les actionnaires ne parvinrent probablement qu'à rentrer dans une faible partie des fonds qu'ils avaient versés et qui montaient à 600,000 livres.

Nous ne mentionnerons donc, que pour mémoire, un long *factum* dans lequel, dès l'année 1790, le sieur de Fer avait cherché à justifier sa conduite et traité de mal fondées les objections faites à son projet; une proposition par lui soumise ultérieurement à la Ville, pour qu'elle se substituât en son lieu et place et se rendît propriétaire du canal, à de certaines conditions; un rapport favorable présenté, sur cette proposition, au corps municipal, le 8 mai 1791, par le lieutenant du maire; un autre rapport fait au procureur de la Commune, le 2 juin 1793, et par lequel les administrateurs du département des domaines et finances de la Municipalité regardaient le projet du canal comme ruineux pour les habitants du faubourg St-Marcel; enfin, un arrêté, du 25 juillet 1793, chargeant les citoyens Monge, Bertholet et Hassenfratz de faire connaître la situation de l'entreprise et les avantages ainsi que les inconvénients qu'elle pouvait offrir[1].

La dérivation de la Bièvre a été, une troisième fois, l'objet d'une étude faite, en 1802, par M. Bruyère, ingénieur des Ponts et Chaussées, qui proposait aussi de conduire cette rivière dans l'aqueduc d'Arcueil, en même temps qu'il aurait fait venir la Beuvrone près de la barrière de Pantin. Nous ne dirons rien de cet autre projet, attendu qu'il a été abandonné presque aussitôt que conçu.

Il y a quelques années, lorsqu'on cherchait de nouveau quelles

---

1. Ils visitèrent les travaux, le 2 août 1793, en compagnie du citoyen Bralle, ingénieur hydraulique de la ville; mais nous n'avons pu trouver leur avis, si toutefois il a été déposé.

étaient les eaux de sources que l'on pourrait faire venir à un point culminant de Paris, on jeta encore les yeux sur celles des rivières de l'Yvette et de Bièvre. Mais les ingénieurs du service municipal ayant reconnu qu'elles ne remplissaient pas les conditions de pureté, de fraîcheur et de limpidité imposées par le programme, on y renonça tout à fait.

§ V

Il est vraisemblable que, avant de faire usage des eaux de la Bièvre au profit de l'industrie, les riverains commencèrent par s'en servir pour leurs besoins domestiques et l'arrosement de leurs prés ; mais après que, vers la fin du IV° siècle, on eut découvert l'art d'employer la force hydraulique à faire tourner les meules avec lesquelles on écrasait le blé, on construisit nécessairement des moulins sur les petites rivières, notamment sur celles qui se trouvaient voisines de centres de population. Dès lors, la Bièvre ne dut pas être la dernière qu'on utilisa pour les établissements de ce genre : chaque monastère, chaque seigneur dont elle traversait les terres, voulut y avoir son moulin. Le nombre s'en accrut successivement et, d'après la revue qu'en fit Charles de Lamberville, en 1626, il y en avait alors vingt-quatre, c'est autant qu'elle en pouvait recevoir.

Avant même qu'on eût détourné les affluents qui dominent la vallée dans laquelle elle s'écoule, ces moulins ne marchaient pas tous les jours de l'année ; ils chômaient souvent, faute d'eau, surtout pendant l'été. Aussi voyons-nous que les officiers de la maîtrise de Paris étaient fréquemment saisis des plaintes que portaient les meuniers contre ceux des riverains qui lui faisaient des saignées ou négligeaient de la curer.

Cependant, une particularité peu connue nous est révélée par les registres de l'Hôtel de ville, c'est qu'un nommé Gilles Desfroissis, maître de forges dans le Nivernais, avait tenté, en 1548, de faire de cette rivière ce que, dans le Morvant, le célèbre Jean Rouvet obtint, l'année suivante, de la rivière de Cure, c'est-à-dire de la rendre flottable à bûches perdues [1].

Il se proposait, s'il eût réussi, de faire venir à Paris, par cette voie, et moyennant des prix très bas, les bois à brûler qu'on aurait abattus dans les forêts qui existaient aux environs de Versailles, avant que Louis XIV eût fait de ce lieu une résidence royale. Il avait demandé, pour le couvrir de ses frais, une indemnité de 2,000 écus, mais n'ayant pu retrouver une grande partie des bûches qu'il avait fait jeter dans le cours d'eau, par forme d'essai, il renonça à son entreprise [2].

Un siècle auparavant, lorsque le bourg St-Marcel était autonome et n'avait pas encore été rattaché à Paris, un teinturier appelé Jehan ou Gilles Gobelin, que l'on disait originaire de Reims, vint s'y fixer pour y exercer son métier et s'installa sur les bords de la Bièvre, où il trouva toutes les commodités désirables. Cet habile ouvrier acquit bientôt, par la solidité et l'éclat de ses couleurs, une grande renommée que ses enfants et ses petits-enfants, teinturiers comme lui, s'attachèrent à conserver. Mais, à la troisième ou quatrième génération, les Gobelins de-

---

1. C'est ce même Desfroissis qui, trois ans plus tard, proposa d'amener à Paris un cours d'eau de six pouces de diamètre pour arroser les rues et laver les égouts, mais avec lequel il n'intervint aucun traité, attendu qu'il ne voulut pas faire connaître ses moyens d'exécution.

2. L'idée de rendre la Bièvre flottable et même navigable, a été reprise, il y a peu de temps, par un géomètre du nom de Champoudry. On eût élargi, à cet effet, le lit de la rivière et on y eût fait tomber une partie des eaux de l'Yvette et celles des nappes souterraines existant dans les coteaux voisins, notamment à Bagneux où elles entravent l'exploitation des carrières. Les ingénieurs n'eurent pas de peine à démontrer que l'exécution de ce projet, dont l'utilité leur paraissait d'ailleurs très chimérique, rencontrerait de grandes difficultés et entraînerait des dépenses hors de proportion avec le but proposé. En conséquence, par une décision du 25 février 1880, le Ministre des Travaux publics refusa de faire faire les études qui lui étaient demandées.

venus puissamment riches, renoncèrent, peu à peu, à la profession de leur auteur. Cependant, deux d'entre eux, Étienne et Henry l'exerçaient encore, en 1624, alors que les autres avaient recherché de hautes alliances et de brillants emplois, tant dans la magistrature que dans l'armée. Tous n'eurent pas lieu de s'en féliciter, témoin Antoine Gobelin, marquis de Brinvilliers, mestre de camp au régiment de Normandie, qui épousa, en 1651, dans la fille du lieutenant civil de la prévôté de Paris, une empoisonneuse que ses crimes ont rendue tristement célèbre.

Soit de leur propre mouvement, soit pour obéir à des prescriptions que nous rappelons plus loin, plusieurs autres artisans, notamment des teinturiers, vinrent aussi s'établir sur les bords de la Bièvre. Parmi ces derniers, nous citerons les sieurs Canaye dont la famille finit par s'allier à celle des Gobelins et auxquels succéda, en 1655, un Hollandais appelé Jean Gluck, qui importa, avec lui, un nouveau procédé de teinture en écarlate, pour l'exploitation duquel il obtint des lettres patentes. Il épousa la sœur d'un autre teinturier, son voisin, nommé François Jullienne, dont il devint, plus tard, l'associé et se logea dans un vaste local attenant à l'hôtel Gobelin. De son côté, son beau-frère obtint aussi des lettres patentes pour une fabrique de draps fins qu'il ajouta à ses ateliers de teinture et eut pour successeurs un de ses neveux, Jean de Jullienne. En 1721, un arrêt du grand Conseil réunit, en la personne de ce dernier, les deux établissements fondés par ses oncles, établissements auxquels il apporta plusieurs perfectionnements et qui, jusqu'au commencement de ce siècle, eurent un immense succès. Il était l'ami intime du peintre Watteau et possédait un des plus beaux cabinets qui fussent en Europe. « On y avait rassemblé, disait
» Blondel, dans son *Architecture françoise*, un nombre consi-
» dérable de tableaux des plus grands maîtres, une collection
» prodigieuse de très beaux dessins et une infinité de curiosités

» de toute espèce ; le tout distribué et arrangé avec un ordre et
» un goût admirables. »

Louis XV lui avait accordé des lettres de noblesse et, peu après, il le créa chevalier de l'ordre de St-Michel. Il a rempli, plusieurs fois, ainsi que d'autres membres de sa famille, les fonctions de syndic des intéressés à la conservation des eaux de la Bièvre. Il mourut en 1766 et fut enterré dans l'église St-Hippolyte. De même que les Gobelins, il a laissé son nom à une rue du quartier qu'il avait habité.

On s'imagine généralement que la belle manufacture nationale de tapisseries, située dans ce même quartier, a eu les Gobelins pour fondateurs, mais c'est une erreur ; bien qu'elle soit placée sous leur patronage, jamais aucun d'eux n'a exercé le métier de tapissier. Son nom vient uniquement de ce qu'elle occupe un hôtel qui leur avait appartenu, dit La Folie-Gobelin, hôtel que Louis XIV acheta, en 1662, et fit agrandir ensuite. L'édit de sa création la désigne sous le titre de : *Manufacture royale des meubles de la Couronne*. Les grands établissements de teinture et de confection de draps qui lui étaient contigus prirent également le titre de Manufactures royales, et le tout constituait ce qu'on appelait vulgairement les Manufactures des Gobelins, ou simplement les Gobelins. Ce dernier nom est resté à la seule fabrique de tapis.

Une ordonnance de Charles IX, en date du 4 février 1567, concernant la police générale du royaume et renouvelée par Henri III, le 21 novembre 1577, avait enjoint de faire mettre hors des villes et près des cours d'eau, les tueries et écorcheries de bêtes, ainsi que les tanneries, mégisseries et teintureries, *pour esviter aux inconvéniens qui en peuvent advenir* [1]. Bien

---

1. Fontanon, *Recueil d'édits, ordonnances, etc.* T. 1er, p. 821 et 838.

que le parlement eût fait revivre ces prescriptions, par un arrêt du 6 mai 1623, elles avaient été négligées dans la Capitale, ou du moins on ne les avait observées qu'à l'égard des établissements nouvellement créés ; quant aux autres, ils étaient restés dans leurs anciennes demeures. C'est ainsi que les quartiers situés sur la rive droite de la Seine, entre le pont Notre-Dame et le pont Neuf, continuaient à être peuplés de teinturiers, tanneurs et mégissiers. Cependant, l'intérêt de la salubrité publique exigeait leur translation sur d'autres points, elle était d'ailleurs nécessaire afin de permettre l'exécution de plusieurs projets d'embellissements que les Prévôt des marchands et Échevins avaient fait étudier. En conséquence, un arrêt du Conseil, en date du 28 octobre 1672, ordonna qu'il en serait délibéré par les officiers municipaux. Ces derniers ayant été unanimement d'avis d'obliger tous ces industriels à aller s'établir, à leur choix, soit à Chaillot, soit au faubourg St-Marcel, un autre arrêt du Conseil, daté du 24 février 1673, approuva la mesure; mais, afin d'ôter à ceux qui en étaient l'objet tout prétexte de différer leur départ, des lettres patentes, du mois d'octobre suivant, déclarèrent que, nonobstant leur changement de résidence, ils conserveraient les privilèges dont ils jouissaient comme maîtres de leurs métiers et comme bourgeois de Paris. Ils optèrent pour le faubourg St-Marcel.

Depuis longtemps, comme on l'a vu plus haut, un nombre considérable de commerçants, exerçant les mêmes industries, les avaient déjà précédés dans ce faubourg, puisque, dès l'année 1626, Charles de Lamberville écrivait que la Seine était rendue *malade*, au-dessus de Paris, par le déversement des impuretés de leurs manufactures.

On suppose qu'ils y avaient été attirés par la grande renommée dont jouissaient alors les eaux de la Bièvre. Les syndics de cette rivière disaient, en effet, à propos d'un canal entrepris en 1748, au village qui porte son nom et dont nous parlerons plus tard, que ses eaux, par leurs qualités singulières, étaient les seules qui fussent propres aux belles teintures d'écarlate et à la meilleure fabrique des cuirs.

D'après Charles de Lamberville, cette propriété tenait à une certaine *salsitude* qu'elles prenaient en lavant la racine des aulnaies situées le long de leur cours [1].

En ce qui concerne la teinture, Papyre Masson, qui passait pour être bien informé, nous apprend que, avant la guerre civile qui déchira la France, sous Henri IV, on teignait beaucoup mieux à St-Marcel que partout ailleurs, mais que, depuis lors, il était venu des artisans qui procédaient aussi bien dans d'autres localités, tout en ne se servant que de l'eau de la Seine. Cependant, il ajoute que comme l'eau de la Bièvre était moins vive que l'autre et plus facile à corriger, on la trouvait plus propre à ce genre d'industrie, et que les étoffes qu'on y teignait, surtout en écarlate, avaient une couleur bien plus éclatante. *Pannique maximè purpurei qui in Bibarâ tinguntur colorem vivaciorem habent quam qui in Sequanâ.*

Dans un mémoire, publié en 1700, sur la généralité de Paris, par Phélypeaux, alors son intendant, il est dit aussi que « Les » eaux de la Bièvre servent à faire aux Gobelins [2] les belles tein- » tures d'écarlate qui sont en réputation par toute l'Europe. On » en porte en Asie, même jusque dans la Chine, et ces belles » étoffes sont en admiration partout. » C'est ce que Piganiol de la Force a répété dans le premier volume de sa *Description de Paris*.

---

1. Discours sur le moyen de rendre le métier de tanneur un des plus riches de l'Europe.
2. Voir ci-dessus, page 43, ce qu'on entendait par les Gobelins.

Il est reconnu, depuis longtemps, que cette prétendue propriété était une pure chimère et reposait sur un préjugé exploité par quelques industriels en guise de réclame.

S'il faut en croire un médecin allemand, nommé Jean Manlius, c'était, non pas aux eaux de la Bièvre, mais bien à l'urine de quelques grands buveurs, auxquels on versait, avec abondance, un vin généreux, que l'on devait ces merveilleux produits. On lit, en effet, dans une brochure imprimée à Francfort en 1558, et dont il est l'auteur : « *Parisiis, quandò purpura præparatur,*
» *tunc artifices invitant germanicos milites et studiosos qui*
» *libenter bibunt et eis præbent largiter optatum vinum eâ*
» *conditione ut posteà urinam reddant in illam lanam*[1]. »

Il était reçu, parmi le peuple, que les gens qui se prêtaient à cette épreuve mourraient infailliblement en peu de temps.

Rien ne prouve que nos industriels aient jamais eu recours à un pareil procédé. Néanmoins, ces absurdités trouvaient encore des crédules, au xviiie siècle, comme le fait voir la lettre suivante conservée aux archives de l'ancienne intendance de la Couronne :

« Je suis las de la vie et je suis disposé, pour en finir avec
» elle, à me soumettre au régime imposé aux teinturiers des
» Gobelins. Pour vous donner une idée des services que je suis
» en état de rendre à l'établissement, je dois vous dire que je
» puis boire, par jour, vingt bouteilles de vin, sans perdre la
» raison. Si vous voulez me prendre à l'essai, vous jugerez tout
» à votre aise de ma capacité[2]. »

---

[1]. Le facétieux curé de Meudon avait déjà raconté dans *Pantagruel*, comment l'urine d'une troupe de la gent canine avait formé le ruisseau qui passait à St-Victor et où Gobelin teignait l'écarlate *par la vertu spécifique de ces pisse chiens.*
[2]. Lacordaire, *Notice sur la manufacture des Gobelins.*

Un autre insensé, si ce n'est un mauvais plaisant, écrivait en 1823, au directeur de cette manufacture :

« J'ai entendu dire, plusieurs fois, que l'on admettait dans la
» maison dont vous avez la direction des personnes condamnées
» à des peines graves, afin qu'étant nourries avec des aliments
» irritants, elles procurent plus sûrement l'urine pour les écar-
» lates que l'on y fabrique. Me trouvant malheureusement con-
» damné à la peine capitale, je désirerais terminer ma carrière
» dans votre maison. Veuillez donc, Monsieur, avoir la bonté
» de m'instruire s'il est vrai que l'on y admette ces sortes de
» condamnés et qu'elle serait la marche à suivre pour y entrer [1]. »

Quant aux autres propriétés attribuées aux eaux de la Bièvre, nous extrayons ce qui suit de *l'Art du Tanneur* que Lalande fit paraître en 1764.

« La qualité des eaux influe beaucoup sur celle des cuirs,
» surtout pendant la durée des passements : l'eau de la rivière
» des Gobelins est chaude, abattue, fade, presque corrompue,
» et l'on est obligé, à la manufacture St-Hippolyte, d'en faire
» venir de la Seine deux ou trois tonneaux par jour. Les tan-
» neries de la rue Censier étant plus basses, le long de la rivière
» des Gobelins, ont une eau qui abat davantage les peaux et qui
» est meilleure pour la moletterie, c'est-à-dire pour les veaux et
» pour les chèvres : le travail va beaucoup plus vite. Six heures
» d'eau, à la rue Censier, font presque autant que vingt-quatre
» heures auprès de St-Hippolyte, qui n'en est pas à 300 toises,
» parce que, dans cet intervalle, la rivière s'est chargée d'une
» quantité de parties animales qui la disposent à la fermentation
» et qu'elle reçoit, en passant au milieu des habitations de tan-
» neurs, mégissiers, teinturiers dont cette rivière est couverte.

---

1. Turgan, *Les grandes usines de France.* — *Les Gobelins.*

» Mais, comme le cuir à l'orge demande, au contraire, une
» eau plus dure et plus forte, l'eau de la rivière des Gobelins y
» est moins propre, à mesure que l'on descend davantage et même
» à St-Hippolyte on est obligé de se procurer, à grands frais, de
» l'eau de la Seine pour mêler à celle de la rivière des Gobelins;
» par la même raison, le cuir à la jusée, qui demande une eau
» encore plus forte, ne réussirait probablement pas dans les par-
» ties basses de la rivière des Gobelins. »

Le même auteur a dit, en parlant de *l'Art du Mégissier*, qu'il publia en 1765 :

« Pour faire le confit on met dans un cuvier dix seaux d'eau
» par cent de peaux. On prend l'eau la plus pure et la plus claire,
» on choisit aussi une eau qui ne soit pas trop dure ; celle de la
» Seine peut y servir, mais celle de la rivière des Gobelins est
» meilleure ; l'eau de puits est très froide, trop crue, elle
» racornit le cuir en confit au lieu de l'attendrir. Il y a des eaux
» qui résistent à la fermentation et d'autres qui la facilitent ; il
» y a des eaux dures qui dissolvent mal les matières savonneuses ;
» il y en a, au contraire, qui abattent, beaucoup, c'est le terme
» des mégissiers, c'est-à-dire qui travaillent, dissolvent et ra-
» mollissent beaucoup : telles sont, à Paris, les eaux de la rivière
» des Gobelins, si précieuses dans le commerce et employées
» à un si grand nombre de manufactures. »

On a également agité, plusieurs fois, la question de savoir si les eaux de la Bièvre pouvaient être utilement employées aux usages domestiques. On a vu que, pendant longtemps, on les fit venir, à Versailles, dans ce but, et que l'on s'en trouva bien.

Lorsqu'on se proposait d'en alimenter les fontaines publiques de Paris, celle qui avait été puisée au-dessous du ruisseau de Vauhallan, le 15 septembre 1769, fut analysée, plusieurs jours après, par deux chimistes distingués de l'Académie royale des

Sciences, MM. Macquer et Cadet : ils la trouvèrent très claire, sans aucune odeur et sans autre saveur sensible que celle d'une bonne eau de Seine. Éprouvée par le savon, elle l'avait très bien dissous, et il leur a paru qu'elle ne présentait, à cet égard, aucune différence appréciable avec celle du fleuve.

Néanmoins, quand une enquête eut lieu, en 1788, sur les agissements du sieur de Fer de la Nouerre et dont nous avons parlé au paragraphe précédent, les adversaires de son projet prétendaient que les eaux de la Bièvre ne pouvaient être servies sur la table ni employées à la cuisine, parce qu'elles étaient fortement teintes, presque tous les jours, de différentes couleurs provenant de la manufacture de toiles peintes établie à Jouy, ce qui d'ailleurs faisait mourir le poisson.

Lorsque cette manufacture, qu'avait fondée, en 1763, le célèbre Oberkampf, existait encore, MM. Parent-Duchatelet et Pavet de Courteilles écrivaient que les eaux de la Bièvre prises à sa source étaient limpides, potables et d'un goût agréable, que plus loin elles prenaient un goût et une odeur de vase, qu'elles dissolvaient le savon, cuisaient bien les légumes et servaient à tous les riverains, jusqu'à Gentilly, pour les usages de l'économie domestique.

Quelques années auparavant, l'administration des Ponts et Chaussées ayant désiré connaître les qualités respectives des eaux dérivées par le canal de l'Ourcq et de celles dont on se sert habituellement à Paris, il a été procédé à leur analyse par M. Colin, répétiteur de chimie à l'École polytechnique, sous la direction du savant Thénard. Les expériences ont eu lieu sur d'égales quantités d'eau (15 litres). En voici le résultat, en ce qui concerne la Bièvre, avant son entrée dans la Capitale.

L'eau était très légèrement alcaline, sa couleur était celle d'une faible dissolution de chlore, elle donnait $0^1,0944$ de gaz,

4

contenant 31,57 d'acide carbonique sur 100. La couche d'eau était de 0^j,066.

Le résidu pesait 9^{gr},824 ; il contenait :

	grammes
Sulfate calcaire	3,758
Carbonate calcaire	2,047
Sels déliquescents	1,638
Sel marin	0,169
Eau	2,212

Enfin, MM. Boutron et Henry, membres de l'Académie de médecine, dans un mémoire présenté au Préfet de la Seine, le 14 mai 1847, disaient aussi que les eaux de la Bièvre, depuis sa source jusqu'à Arcueil, étaient limpides, que leur saveur n'avait rien de désagréable, qu'elles cuisaient bien les légumes et dissolvaient le savon ; que, cependant, les produits des forages artésiens que l'on venait de pratiquer à Berny et à l'Hay, pour en augmenter le volume, étaient extrêmement calcaires, ne cuisaient pas les légumes et étaient impropres au savonnage. Ayant analysé celle qui avait été puisée à Amblainvilliers, ils avaient trouvé qu'elle contenait, par litre, 0^{gr},703 de matières en dissolution, dont 0^{gr},286 de sulfates. Mais, puisée à Buc, en amont des marnes vertes, l'eau de cette rivière, suivant l'ingénieur Belgrand, ne contient plus que 0^{gr},280 de matières et aucunes traces de sulfates.

Il ne paraît pas que la Bièvre ait jamais été très poissonneuse. Papyre Masson, dont nous avons déjà invoqué le témoignage dans d'autres circonstances, prétendait que, de son temps, on n'y rencontrait que les poissons qui s'échappaient des étangs. Cependant, d'après les registres des audiences de la maîtrise de Paris, le meunier du moulin de Mignaux était poursuivi, en 1661, pour un délit de pêche ; en 1668, le seigneur de Bourg-la-Reine se plaignait de ce qu'un sergent se fût opposé à ce que son domestique pêchât, près du moulin de l'Hay, et, en 1774, la dame de Gentilly actionnait un meunier pour l'avoir troublée dans l'exercice du droit de pêche qui, disait-elle, lui appartenait exclusivement sur toute l'étendue de sa seigneurie.

MM. Parent-Duchatelet et Pavet de Courteilles nous apprennent qu'on n'y trouvait, en fait de poissons, que le petit mulet, remarquable par les deux aiguillons qu'il porte sur le dos, et on lisait, il n'y a pas longtemps, dans un journal d'hygiène, que du côté de Jouy, où les eaux sont encore assez limpides, la Bièvre était peuplée d'ablettes et de goujons très estimés. Nous n'avons pas été à même de vérifier cette assertion. Si cette rivière ne nourrissait aucuns des gros poissons qui vivent dans les étangs, il paraît, suivant Papyre Masson, qu'elle contenait autrefois une quantité considérable d'écrevisses. L'histoire rapporte, en effet, que Mme de Maintenon aimait à dépecer, à son souper, quelques écrevisses de la Bièvre. Ce ne serait peut-être pas en vain qu'on y chercherait aujourd'hui de ces crustacés dans sa partie supérieure.

§ VI

Jusqu'à la fin du règne de Henri IV, la Bièvre, avec le secours qu'elle recevait de la multitude de ses affluents et des pluies qui tombaient sur les vastes plateaux qui dominent sa source, suffisait aux besoins tant des usines établies sur son cours qu'à ceux des industries, d'ailleurs alors en petit nombre, qui s'étaient fixées à peu de distance de son embouchure. Les riverains de la partie supérieure avaient même pu y puiser, non seulement pour arroser leurs prés, mais encore pour former, indépendamment de quelques étangs et viviers, des nappes liquides servant à la décoration de leurs parcs et jardins, sans que leurs entreprises eussent soulevé de réclamations. Mais les choses changèrent de face lorsque Marie de Médicis eut fait revenir directement à Paris le produit des fontaines de Rungis qui, depuis la ruine de l'aqueduc construit par les Romains, à Arcueil, constituait, de nouveau, l'un des affluents les plus abondants de cette rivière, après surtout que Louis XIII, comme nous l'avons déjà dit, eut eu recours à la Bièvre pour les usages domestiques du château de Versailles.

Les premiers industriels qui, avec quelques meuniers du faubourg St-Marcel, se plaignirent de la disette des eaux, furent deux teinturiers de la famille Gobelin. Conformément à leur requête, une sentence de la maîtrise de Paris, en date du 19 mars 1624, chargea un ingénieur du Roi, nommé Alexis

Erard, de faire connaître les mesures propres à y remédier. Ce dernier pensa qu'on atteindrait le but si l'on curait et nettoyait avec soin le lit de la rivière, ainsi que celui de tous les ruisseaux qui s'y rendaient, et si les meuniers disposaient les vannes de leurs moulins de manière à ce que les eaux ne puissent pas se répandre au dehors. Il était, en outre, d'avis, sinon de supprimer certains étangs qui en retenaient une grande quantité, du moins d'obliger leurs propriétaires à ne les vider que successivement pour en prendre le poisson, et plutôt en été qu'en hiver.

On voit que le sol des paroisses de l'Hay et de Chevilly était, à cette époque, très marécageux et contenait de la tourbe. Le même ingénieur proposa de l'assainir, au moyen d'un drainage, et de conduire à la Bièvre, par un canal dont il indiqua la direction, les eaux qu'on aurait collectées. Ce canal, qui devait suppléer, en partie, le ruisseau de Rungis, fut, en effet, immédiatement ouvert, nonobstant d'assez vives oppositions ; mais il ne tarda pas à être comblé, faute d'entretien [1].

Bien que l'inondation survenue, l'année suivante, eût fait sentir combien il importait de veiller, plus attentivement que par le passé, à l'entretien de ladite rivière, il paraît qu'elle était l'objet de nombreuses entreprises nuisibles à la liberté de son cours. Le Conseil d'État ayant décidé que les abus, délits et malversations en matière d'Eaux et Forêts, seraient *réformés* par les grands maîtres, en chambre du parlement, ou par les officiers des Tables de marbre, les juges de cette juridiction établie à Paris ordonnèrent, le 9 juin 1650, qu'il serait procédé à une

---

1. La nécessité d'assainir le territoire de Chevilly s'étant imposée, de nouveau, il y a quelques années, on chercha inutilement la trace de ce canal. On se contenta alors de faire tomber les eaux, dont on voulait se débarrasser, dans un puits absorbant creusé aux frais du Département.

instruction, par le lieutenant particulier de la Cour, sur le rapport de gens à ce connaissants, à l'effet de régler le mode de jouissance des eaux de la Bièvre, après avoir supprimé tous les obstacles qui s'opposaient à leur libre écoulement. Ils défendirent, en outre, à tous autres juges, notamment à ceux de la maîtrise, de connaître de cette affaire.

Ces prescriptions furent renouvelées par un second arrêt, en date du 7 juin 1658, mais on ne voit pas qu'il y ait été donné suite, probablement parce que l'argent manquait pour payer les frais des vacations et des expertises qu'il aurait fallu faire.

Cependant, tandis que, d'un côté, le volume des eaux que débitait la Bièvre diminuait sensiblement, de l'autre, le nombre des industriels à qui elles étaient utiles allait toujours en augmentant, en sorte qu'ils en étaient souvent privés. Il est vrai que, pour obvier à cet inconvénient, le Maître particulier faisait opérer, de temps en temps, quelques curages partiels, mais il n'en résultait que de légers palliatifs.

C'est alors que le sieur de Saumery qui exerçait, dans le département de Paris et Ile-de-France, les fonctions de Grand Maître, usant des pouvoirs que venait de lui conférer l'édit du mois d'août 1669, sur le fait des Eaux et Forêts, rendit, le 10 septembre 1671, une ordonnance qui enjoignait à tous les riverains de la Bièvre et gens qui avaient commerce sur cette rivière, de la curer et nettoyer, à vif fond, ainsi que ses affluents, une fois chaque année, dans la première et seconde semaine de juillet, à peine d'y être mis des ouvriers à leurs frais et de 30 livres d'amende.

Elle défendait d'y former des batardeaux, d'y jeter des pierres, écharnures, morts-plains, et autres immondices et condamnait les contrevenants à tous dépens, dommages et intérêts et à une pareille amende.

Elle prescrivait aux riverains d'en disposer les berges de telle sorte qu'elle ne pût pas avoir moins de 6 à 7 pieds à son commencement et de 9 à 10 à sa fin. Ils devaient, en outre, soutenir ces berges avec des planches et pieux dans le but d'en empêcher l'éboulement.

La même ordonnance obligeait les détenteurs de moulins d'en tenir les vannes et palées nivelées suivant la quantité d'eau dont ils devaient avoir la jouissance, pour que le cours en restât constamment libre.

Elle obligeait aussi les teinturiers, tanneurs et mégissiers à recevoir leurs trempis et vidanges dans des tonnes. Ils ne pouvaient déverser dans la rivière que les eaux claires, et au jour qui leur serait indiqué, de manière à ce que les habitants des faubourgs St-Marcel et St-Victor n'en fussent pas incommodés.

Enfin, elle faisait défense de mettre à sec les étangs et viviers pour en prendre le poisson, sans en avertir préalablement ces mêmes habitants et commandait à tous ceux qui avaient des canaux et pièces d'eau de les combler dans quinzaine, à peine de 100 livres d'amende et d'être le tout rétabli à leurs frais et dépens.

Cet acte, très peu connu, constitue le premier règlement qui ait statué d'une manière générale sur la police de la Bièvre. En effet, jusqu'alors les juges de répression se retranchaient derrière un ancien usage, pour, au besoin, en prescrire le curage, aux frais des riverains, et, lorsqu'il s'agissait de s'opposer aux entreprises de ces derniers, ils invoquaient des règlements relatifs à d'autres cours d'eau, tels, par exemple, que ceux qui concernaient les rivières d'Essonne et d'Étampes.

Les officiers de la maîtrise de Paris avaient reçu la mission d'assurer l'exécution de l'ordonnance de leur supérieur, en conséquence, le Maître particulier se proposait de parcourir la

Bièvre, depuis sa source jusqu'à son embouchure, pour constater les contraventions qu'on y avait commises, d'en faire traduire les auteurs devant son tribunal, leur enjoindre de les faire immédiatement cesser, et, en cas de désobéissance, les condamner à l'amende encourue; en un mot, il se croyait fondé à procéder, suivant le langage juridique de l'époque, à une réformation générale de cette rivière.

Une partie des industriels du faubourg St-Marcel lui adressèrent, dans ce but, une pressante requête. Ils offraient de pourvoir à tous les frais, demandaient que leurs confrères fussent contraints d'y participer, à proportion de leur intérêt, et en attendant le recouvrement des cotisations, ils sollicitaient l'autorisation, pour six d'entre eux, de souscrire, au nom de tous, un emprunt suffisant. La requête fut admise par une sentence du 23 septembre 1671, et, trois jours après, le juge commença sa visite, en présence du procureur des demandeurs, et y employa plusieurs vacations[1]. Ils reconnurent qu'il existait un grand nombre d'abus et qu'il y aurait beaucoup à faire pour les abolir complètement.

Sur ces entrefaites, M. de Longueil, marquis de Maisons, l'un des présidents à mortier du parlement, qui était propriétaire, à Gentilly, du moulin dit des Prés et à qui, dès lors, il importait que l'ordonnance du Grand Maître ne restât pas une lettre morte, convoqua chez lui les principaux intéressés, afin d'y aviser. Là, ils décidèrent de fixer à la somme de 4,000 livres l'emprunt qu'il leur était permis de contracter, désignèrent ceux qui en signeraient les conditions, leur conférèrent le titre de syndics et les chargèrent de faire les diligences nécessaires pour que le cours d'eau fût rétabli dans son état normal.

1. Elle occasionna une dépense de 982 livres.

Les officiers de la maîtrise, dont, à cet effet, ils avaient déjà provoqué l'intervention, se virent arrêtés dans leur procédure, par les juges des seigneurs qui leur déniaient le droit d'exercer la police sur les parties de la rivière arrosant les terres dépendant de leurs domaines; ceux de la Table de marbre leur avaient d'ailleurs interdit de nouveau de continuer la réformation qu'ils avaient entreprise; enfin, ils étaient eux-mêmes en désaccord sur l'étendue de leurs attributions respectives à ce sujet. Pour vaincre toutes ces difficultés, les syndics eurent recours à l'autorité souveraine.

Leur requête portait en substance qu'eux et leurs prédécesseurs avaient établi, dans les faubourgs St-Marcel et St-Victor, beaucoup de teintureries, tanneries et mégisseries, dont les produits trouvaient du débit, non seulement dans toute la France, mais encore dans les pays étrangers; que ces produits tirant leur principale qualité et bonté des eaux de la Bièvre, il était de l'intérêt général que ces eaux ne fussent ni diverties ni corrompues; que, cependant, depuis plusieurs années, cette rivière se trouvait très altérée par suite des entreprises que s'étaient permises les riverains, et que les immondices qu'on y jetait journellement en infectaient le cours. Ils expliquaient ensuite comment la réformation de tous ces abus restait suspendue, et suppliaient Sa Majesté de commettre tels juges, en dernier ressort, qu'il lui plairait pour la terminer. Il sortit alors, le 4 janvier 1673, un arrêt du Conseil privé qui maintint la connaissance de l'affaire à ceux de la Table de marbre et leur enjoignit d'y vaquer incessamment [1].

Sans attendre cette décision, le lieutenant général au siège de cette juridiction s'était transporté sur les lieux, dès le

---

1. L'obtention de cet arrêt coûta 150 livres aux syndics.

4 novembre 1672, accompagné du procureur du Roi, de deux experts et des syndics[1]. On constata de nouveau qu'il y régnait un grand désordre. Ces derniers ayant insisté pour qu'il fût pourvu à ce qu'il y avait de plus pressé, il intervint, le 19 mai 1676, un arrêt de la Cour qui ordonna que, par provision, il serait incessamment procédé, à leur diligence, au curage, à vif fond, tant de la rivière que de ses affluents, aux frais des meuniers, là où ils étaient accoutumés de le faire, et partout ailleurs aux frais des riverains ; que l'opération serait l'objet d'un bail au rabais, à la charge par l'adjudicataire de relever et soutenir les berges, afin d'éviter une déperdition des eaux. Les syndics étaient autorisés à acquitter la dépense, sauf à en répéter le montant contre ceux à qui le payement en incombait. Il leur était aussi permis de mettre en bon état les sources abandonnées qui n'étaient d'aucun usage pour les communautés et les particuliers, mais dont la Bièvre pourrait tirer quelque profit. Enfin, l'arrêt défendait expressément, sous peine de 300 livres d'amende, de détourner les eaux de la rivière et de ses affluents, par des tranchées, sangsues, rigoles et batardeaux, et d'y faire rouir des chanvres et du lin.

Bien que les juges eussent décidé qu'il ne serait statué, qu'après un nouvel informé, sur la suppression qui leur était demandée de certains canaux qui servaient à alimenter plusieurs bassins appartenant à des particuliers, ainsi que sur l'établissement de quelques ouvrages destinés à prévenir de nouvelles inondations, les mesures dont ils avaient prescrit l'exécution avaient, disait-on, eu pour résultat d'augmenter de plus d'un tiers le débit de la Bièvre.

Il restait à discuter les moyens de défenses des particuliers que les syndics avaient fait citer, à raison des contraventions qui

---

1. Les honoraires des experts montèrent à la somme de 7,951. 7 s. 6 d., dont les syndics furent obligés de faire l'avance.

leur étaient reprochées, De plus, il y avait à opérer le nivellement général de la rivière et à fixer ensuite la hauteur de chute attribuée à chaque usinier, ainsi que les dimensions des déversoirs dont la construction leur serait imposée. L'accomplissement de ces préliminaires exigeant beaucoup de temps, il devait nécessairement en résulter l'ajournement du grand règlement si impatiemment attendu. Cette considération détermina les mêmes juges à statuer, tout de suite, sur quelques chefs de contestations qui demandaient célérité, par un autre arrêt en date du 26 octobre 1678[1].

Un mémoire, conservé parmi les manuscrits laissés par Delamare, porte que si ce second arrêt n'était encore que provisoire il fallait s'en prendre au procureur des syndics qui avait donné à juger un procès n'étant pas en état, et qui, par une multitude de requêtes, auxquelles étaient attachées plusieurs pièces sujettes à communication ou à contredit, avait fait en sorte d'éviter le jugement définitif qu'il ne poursuivait qu'en apparence, quoique avec beaucoup de chaleur.

Nous ignorons ce qu'il pouvait y avoir de fondé dans cette assertion.

Indépendamment des prescriptions dont l'exécution avait déjà été ordonnée, dans l'intérêt de la conservation des eaux de la Bièvre, ce dernier arrêt en contenait de nouvelles non moins importantes, telles notamment que la suppression des latrines ayant leur chute dans cette rivière; l'obligation, pour les propriétaires des immeubles au travers desquels elle passait, d'en laisser l'entrée libre aux syndics; la charge imposée à ceux-ci d'établir, à leurs frais, des gardes assermentés, pour constater les contraventions; l'interdiction aux lessiveuses de

---

1. Les épices, conclusions et expédition de cet arrêt coûtèrent 1,000 livres aux syndics.

continuer à laver leur linge au-dessus des manufactures royales; la défense de fouiller, à l'avenir, aux environs de la fosse Bazin.

Cette défense demande quelques éclaircissements.

A l'intersection de deux chemins situés vers l'extrémité nord-est du territoire de Plessis-Piquet, on trouve encore la trace d'une ancienne excavation due probablement à l'extraction de matériaux et nommée la fosse Bazin. Un peu au-dessous est la source donnant naissance au ruisseau dit la Fontaine des moulins qui descend à Bourg-la-Reine et se jette ou plutôt se jetait dans la Bièvre près du pont appelé de la Garenne. Il paraît que, par suite de la pente naturelle du terrain, les sables de la plaine, entraînés par les grandes pluies, tombaient autrefois dans ce ruisseau et en avaient tellement altéré le cours qu'ils y avaient causé la ruine d'un ou de deux moulins appartenant aux religieux Feuillants de Plessis-Piquet et dont il tirait son nom. Les syndics prétendaient que tous ces sables étaient charriés jusque dans le lit de la Bièvre et contribuaient beaucoup à l'encombrer. Comme, suivant eux, ils provenaient surtout des fouilles pratiquées près de la fosse Bazin, c'est sur leurs instances que les prohibitions rappelées ci-dessus avaient été faites. Elles portaient, on en conviendra, une grave atteinte au droit de propriété, aussi ne furent-elles pas maintenues.

Arrêtons-nous un moment sur ce ruisseau de la Fontaine des moulins. Nous voyons qu'en 1739 on se plaignait de ce que les riverains en détournaient les eaux pour arroser leurs prés et marais et en privaient ainsi les habitants de Bourg-la-Reine auxquels, n'en ayant pas d'autres, elles étaient cependant très précieuses, tant pour les usages ordinaires de la vie que dans les cas d'incendie. En conséquence, sur leur demande, ils obtinrent du Grand Maître, le 28 juillet, l'autorisation d'établir un garde spécialement chargé de veiller à leur conservation.

Nous voyons aussi qu'après la Révolution les riverains recommencèrent leurs manœuvres et que l'affluent dont il s'agit n'arrivait plus à la Bièvre que pendant l'hiver, c'est-à-dire lorsqu'il lui était peu nécessaire. Le Sous-Préfet de l'arrondissement, dans un rapport adressé au Préfet de police, le 14 thermidor an XI, était d'avis de ne laisser qu'une petite partie de ses eaux aux habitants de Fontenay-aux-Roses, pour leurs besoins domestiques, et de conduire le surplus à Sceaux, dans un autre affluent de la Bièvre, appelé la Fontaine de Vaux-Robert. Mais cette proposition ne reçut aucune suite.

Le ruisseau de la Fontaine des moulins a été converti, il y a une vingtaine d'années, en un égout couvert, sur une certaine longueur, par le service vicinal, en amont de la route nationale n° 20, après qu'on eut redressé la partie qui formait un coude et pénétrait dans une propriété particulière. L'autre section, à la suite, a également été couverte, en 1884, et incorporée à l'égout servant à l'écoulement des eaux du lycée Lakanal, égout qui rejoint, à Arcueil, le collecteur latéral à la Bièvre ; depuis lors, ainsi que nous venons de le dire, le ruisseau de la Fontaine des moulins a donc cessé de tomber dans cette rivière.

Il faut croire qu'après avoir rendu leur arrêt provisoire du 26 octobre 1678, les juges de la Table de marbre pensèrent qu'il n'y avait pas d'inconvénients à différer le jugement définitif de réformation, et que, dès lors, ils pouvaient se dispenser d'en hâter l'instruction. En effet, les nombreux arrêts qui intervinrent postérieurement concernèrent, tantôt l'approbation de comptes présentés par les syndics ou d'états d'honoraires réclamés par leur procureur, ou de rôles de répartition des dépenses communes ; tantôt les incessantes discussions que souleva l'établissement d'un déversoir à l'origine du faux ru destiné à l'écoulement des eaux, en temps d'inondation ; tantôt enfin, l'exécution d'office du curage de plusieurs parties de la rivière, quand ceux qui en avaient la charge négligeaient d'y procéder.

Nous dirons, à ce propos, qu'en 1697 des tanneurs s'étant vivement plaint de ce qu'ils étaient obligés de porter leurs cuirs à la Seine, la Bièvre, faute d'entretien, restant des mois entiers complètement à sec et remplie de boues et d'ordures, le Maître particulier, dans une sentence du 23 juillet, ordonna qu'elle serait immédiatement curée, aux frais des riverains, par application, non pas de l'arrêt du 26 octobre 1678, mais bien du règlement du 10 septembre 1671, affectant ainsi de ne pas reconnaître, en cette matière, l'autorité des juges de la Table de marbre ; mais, six jours après, ces derniers annulèrent la sentence et firent défense d'y donner suite, sans dénier toutefois le droit de police que les officiers de la maîtrise avaient sur ce cours d'eau, en d'autres cas [1].

Plus tard, des tanneurs et des mégissiers furent actionnés, à la fois, devant le tribunal du Châtelet et devant le Bureau de la Ville, pour avoir empesté la Seine avec les détritus provenant de leur métier et que la Bièvre y avait entraînés. Un arrêt des mêmes juges, en date du 24 octobre 1702, les déchargea des assignations qui leur avaient été données et leur défendit, à peine de nullité et de 500 livres d'amende, de procéder ailleurs que devant la Cour, pour le fait à raison duquel ils étaient incriminés. Le lieutenant de police n'en fit pas moins publier, le 7 novembre suivant, une sentence enjoignant à ces industriels d'exécuter plusieurs prescriptions ayant pour but d'éviter, à l'a-

---

1. La défense ne fut nullement observée, ainsi que le témoigne une foule de sentences rendues ultérieurement.

venir, les inconvénients signalés, sous peine de 300 livres d'amende et de l'interdiction de la maîtrise, en cas de récidive.

Cependant, comme plus de trente années s'étaient déjà écoulées sans que l'instance de réformation de la Bièvre eût été reprise et que ce cours d'eau continuait à être l'objet de nombreux abus, le Grand Maître crut que la commission d'y mettre un terme, conférée exclusivement, en 1673, aux juges de la Table de marbre, contrairement à l'ordre des juridictions, ne devait pas durer indéfiniment, dès lors, il résolut d'achever lui-même l'instruction demeurée en suspens. Il décida donc que, dans ce but, il ferait incessamment une visite générale de ladite rivière, assisté des officiers de la maîtrise et en présence des principaux intéressés. La visite fut, en effet, commencée le 7 novembre 1711, mais une crue subite des eaux força de l'interrompre. Après trois ans d'inaction, il se disposait à la continuer lorsque, le 15 juin 1714, les juges de la Table de marbre lui intimèrent l'ordre de renoncer à son projet, sous peine de voir annuler les mesures qu'il aurait prises.

Le 18, au matin, un des huissiers de la Cour signifia leur arrêt tant au Grand Maître qu'au Maître particulier, dans la personne de leurs greffiers, en même temps qu'aux syndics en charge. Ayant appris que néanmoins ils s'étaient tous réunis, l'après-midi, rue Censier, dans une des salles de l'hôpital des cent filles orphelines, dites de la Miséricorde, pour vaquer à la nomination d'un nouveau syndicat et délibérer ensuite sur la reprise de l'instance, il jugea à propos de s'y transporter et de signifier, une seconde fois, l'arrêt au Grand Maître, en s'adressant à lui-même. Ce dernier, que l'injonction qu'il contenait avait déjà mis de mauvaise humeur, trouva que c'était lui manquer de respect que de le relancer ainsi hors de son domicile. En conséquence, il condamna, sur-le-champ, l'huissier à une amende de 300 livres et le fit emprisonner jusqu'à ce qu'il l'eût payée. Cette manière d'obéir à la justice paraîtra d'autant plus singulière, qu'elle émanait d'un fonctionnaire qui, en cette qualité, devait donner l'exemple de la soumission, mais elle était une des fâcheuses conséquences de la vénalité des charges.

Dès le lendemain, les juges, que cette conduite avait justement révoltés, ordonnèrent l'élargissement immédiat de leur délégué et réitérèrent au Grand Maître la défense de persister dans la résolution qu'il avait prise, sous peine, cette fois, de 1,000 livres d'amende.

Le Roi s'empressa de couper court à un si déplorable conflit; par un arrêt de son Conseil, en date du 26 juin 1714, il évoqua la procédure faite de part et d'autre et prescrivit aux juges de la Table de marbre d'avoir à terminer la réformation déjà commencée, au plus tard, à la fin de l'année 1715, d'après les errements de leur jugement provisoire du 26 octobre 1678, sinon, qu'il y serait procédé par le Grand Maître, assisté des officiers de la maîtrise. Par deux arrêts, en date, l'un du 7 juillet 1714 et l'autre du 26 octobre suivant, les juges, mis ainsi en demeure d'en finir, se firent apporter toutes les pièces de l'instruction pendante au tribunal de ladite maîtrise, chargèrent Nicolas Liévain, l'un des 60 architectes jurés du Roi, de lever le plan de la rivière, d'en opérer le nivellement, de signaler les entreprises faites en contravention au jugement de 1678, et de donner son avis sur les conditions auxquelles devait être subordonné le maintien des usines existantes; le tout en présence tant des officiers de la Cour que des parties intéressées.

Comme il devait en résulter des frais auxquels les syndics auraient provisoirement à pourvoir, ceux-ci, sachant combien leurs prédécesseurs avaient eu de mal à récupérer les fonds avancés par eux, dans de semblables circonstances, représentèrent que c'était bien assez de consacrer leur temps, leurs peines et leurs soins au service du public, sans être encore tenus à des déboursés dont la rentrée traînait ordinairement en longueur et suscitait des contestations qui leur aliénaient l'amitié et la confiance de leurs voisins. En conséquence, ils demandèrent qu'on les autorisât à lever immédiatement une certaine somme sur tous ceux que la réformation intéressait plus particulièrement. La demande fut accueillie, et, bientôt après, le lieutenant général rendit exécutoire un rôle de répartition montant à 800 livres, lequel fut suivi, à quelques jours d'intervalle, d'un autre rôle s'élevant à 2,400 livres. Le nombre des parties payantes était alors de 91, tous propriétaires, industriels ou usiniers domiciliés au faubourg St-Marcel. Ils étaient imposés à raison de la valeur de leurs immeubles et de l'importance de leur commerce.

La perception ne se fit pas sans difficultés. Des contribuables prétendirent qu'on ne retirerait nul profit de la procédure au payement de laquelle les taxes étaient destinées, que d'ailleurs aucune ne pouvait avoir lieu sur les sujets du Roi, sans la permission de Sa Majesté, permission qui, dans l'espèce, n'avait pas été obtenue, Un arrêt du Conseil, en date du 27 novembre 1714, ordonna que ces observations seraient soumises au procureur général établi près du siège de la Table de marbre et que, jusqu'à sa réponse, toutes les poursuites seraient suspendues. D'après les explications qu'il en reçut, le Conseil, par un autre arrêt en date du 12 mars 1715, leva le sursis et l'affaire reprit son cours.

Les mesures qui venaient d'être prescrites exigeaient que l'on parcourut encore la rivière dans toute son étendue. Cette nouvelle visite commença le 19 octobre 1714 et se continua jusqu'au 29. Les pluies rendant alors difficiles les opérations géodésiques, on convint de la suspendre pendant toute la mauvaise saison. Elle ne fut, en effet, reprise que le 20 mai 1715. Dans l'intervalle, l'expert Liévain, prétextant ses nombreuses occupations, donna sa démission et fut remplacé par un autre architecte juré, du nom de Pierre Quirot. Après plusieurs interruptions, la visite s'acheva le 15 octobre de la même année. Elle avait exigé 56 journées sur le terrain et 5 autres à l'hôtel du lieutenant général [1]. Le procès-verbal en est très circonstancié. Nous n'entreprendrons pas d'en donner l'analyse, elle offrirait maintenant peu d'intérêt. Nous dirons seulement que, comme toujours, on avait constaté une foule d'infractions aux règlements en vigueur, et que les changements à opérer, pour assurer au cours d'eau un régime ne laissant rien à désirer, étaient considérables.

Les syndics demandèrent l'entérinement immédiat des rapports des experts, mais les juges, prévoyant qu'il ne leur serait guère possible d'examiner, dans le délai qui leur était imparti, toutes les questions sur lesquelles ils avaient d'abord à se prononcer, en sollicitèrent un nouveau. Un arrêt du Conseil, en date du 25 janvier 1716, le prorogea jusqu'au dernier jour de février suivant.

Le jugement définitif fut enfin rendu le 28 février et, par conséquent, la veille du terme de rigueur qui avait été fixé[2]. Il a été imprimé *in extenso* dans le format in folio. Delamare en a placé un exemplaire parmi les manuscrits que ses héritiers ont légués à la Bibliothèque nationale, on en trouve un autre exemplaire dans les archives de l'Assistance publique et le dispositif en est rapporté dans le 4ᵉ volume du *Traité de la police*.

---

1. Les honoraires des officiers de la Table de marbre s'élevèrent à 2,240 livres, à raison de 40 livres, pour la journée employée sur le terrain et de 5 livres pour chacune de celles qu'on avait passées dans le cabinet.
2. L'année 1716 était bissextile.

Ce jugement débute ainsi :

« Les Juges ordonnés par le Roy pour juger, en dernier ressort
» et sans appel, les procès des Réformations des Eaux et Forêts
» de France, au siège général de la Table de marbre du Palais,
» à Paris : A tous ceux qui ces présentes lettres verront, salut.
» Savoir font que, vu l'instance de Réformation et Règlement
» général commencée en la maîtrise des Eaux et Forêts de
» Paris, en conséquence de l'ordonnance du sieur de Saumery,
» Grand Maître des Eaux et Forêts de France, du 10 septem-
» bre 1671, instruite en cette Cour, en exécution des arrêts
» rendus en icelle, les dernier août et 22 octobre 1672, et de
» ceux de renvoi du Conseil des 4 janvier 1673, 26 janvier 1714 et
» 25 janvier 1716, la Cour, en conséquence d'autres arrêts de
» ladite Cour, précédemment rendus au sujet de ladite Réfor-
» mation, d'entre le procureur général du Roy, aux Eaux et Forêts,
» poursuites et diligences de Julien Duvivier, conseiller
» secrétaire du Roy, Maison et Couronne de France, Jean de
» Vitry, Claude Moreau, Joseph Bouillerot, Adrien Pasquier et
» Louis Hugot, syndics des intéressés au rétablissement de la
» rivière de Bièvre, dite des Gobelins, demandeurs en deux
» requêtes, par eux présentées à la Cour, les 5 février et 13 avril
» 1676, d'une part ; et messire Pierre d'Hillerin, etc. (Les noms
» des autres parties et le visa des pièces de procédure occupent
» 82 pages de l'imprimé).

» Conclusions du dit procureur général du Roy et tout ce
qui a été mis, écrit et produit par les dites parties ;

» Ouy le rapport du sieur lieutenant général, en cette Cour,
l'un des juges en dernier ressort, et tout considéré ;

» Lesdits juges en dernier ressort, faisant droit, etc. »

Si l'on remarque que, dès le 9 juin 1650, ces mêmes juges
s'étaient proposés de faire cesser les abus auxquels se livraient

déjà les riverains de la Bièvre, ainsi que de régler entre les usiniers, l'usage des eaux de cette rivière et qu'il ne leur a pas fallu moins de 66 années pour y arriver, on se dira, tout d'abord, que l'exécution de ce dessein présentait apparemment de bien grands obstacles ; mais on reviendra bientôt de cette opinion en considérant qu'il leur a suffi, après s'y être mis résolument une bonne fois, de quelques mois seulement pour en venir à bout. Ce n'est donc pas le cas de s'écrier, avec le poète latin,

Tantæ molis erat... !

A quoi donc avait tenu le retard inouï qu'avait subi cette affaire ? Faut-il l'attribuer aux lenteurs, peut-être calculées, des procureurs que les syndics avaient successivement chargés d'en poursuivre la solution, ou à la difficulté de trouver les fonds nécessaires pour acquitter les frais de la procédure ? Nous ne chercherons pas à élucider cette question. Si, encore, le jugement du 28 février, que l'on qualifiait de définitif, eût effectivement terminé toutes les contestations, on eut moins regretté le temps et l'argent qu'il avait coûtés ; mais, on va voir qu'il ne fit, au contraire, que les ranimer.

Il était à peine sorti que le greffier de la Cour se fit autoriser à mettre en recouvrement le rôle de répartition d'une somme de 19,000 livres destinée à payer les épices des juges, les vacations des officiers du siège et l'expédition de l'arrêt. Les intéressés, qui avaient déjà protesté, quand on leur avait réclamé le montant des deux rôles précédents, se récrièrent bien davantage à la vue d'un troisième beaucoup plus élevé[1].

En outre, les propriétaires riverains qui avaient reçu l'ordre de supprimer des prises d'eau et les meuniers auxquels il était

---

[1]. Nous devons dire que les officiers du siège abandonnèrent spontanément la somme de 4,750 livres sur leurs taxations.

enjoint de construire, modifier ou enlever certains ouvrages, prétendirent que le rapport du dernier expert, qui avait motivé ces mesures, reposait sur de fausses données et contenait des propositions d'une dangereuse conséquence. De leur côté, les principaux tanneurs et mégissiers déclarèrent que, de la manière dont elle était conçue, la réformation n'avait pour eux aucune utilité et leur était même préjudiciable. Le directeur de la manufacture des meubles de la Couronne la combattit également, comme étant nuisible aux intérêts de Sa Majesté; bref, tous sollicitèrent la cassation du jugement qui l'avait prononcée.

Les plaintes furent examinées par un commissaire pris parmi les membres du Conseil d'État. En attendant qu'il y fût fait droit et qu'un nouveau règlement intervînt, dans le cas où le premier serait annulé, le Roi, craignant que l'infection provenant des immondices dont la Bièvre était alors remplie, notamment dans le faubourg St-Marcel, n'empestât les eaux de la Seine, pendant les chaleurs de l'été, et ne causât de graves maladies, ordonna, le 20 juin 1724, que le curage en serait mis incessamment en adjudication par le Grand Maître ou, en son absence, par les officiers de la maîtrise, pour être exécuté aux frais des propriétaires riverains. Il enjoignit, en outre, de veiller à ce qu'il fût bien fait et à ce que désormais le cours des eaux ne fût plus altéré par des sangsues, fossés, rigoles ou autrement. Bien que l'ordonnance n'eût pas parlé des meuniers, nous ne supposons pas qu'elle entendait les dispenser de contribuer dans la dépense, ainsi qu'ils le faisaient de temps immémorial.

Elle souleva des réclamations de la part des administrateurs de l'hôpital des filles de la Miséricorde. Ils prétendirent que les immondices qui encombraient la rivière y avaient été indûment jetées par les tanneurs et mégissiers, que, dès lors, il était juste que leur enlèvement fût opéré aux frais de ces derniers. L'observation ayant parue fondée, le Grand Maître décida, le 18 octobre 1724, que la dépense du curage, dans l'étendue dudit enclos, serait, en effet, supportée par les industriels installés au-dessus. Cette décision contenait une dérogation à la règle générale, elle n'en fut pas moins sanctionnée par l'arrêt du Conseil du 26 février 1732.

Après plusieurs remises, l'adjudication avait eu lieu le 12 juillet, mais, comme elle ne comprenait que la section du cours d'eau située entre son embouchure et le moulin de Croulebarbe, les juges de la Table de marbre ordonnèrent que le curage serait continué jusqu'à Gentilly, où la rivière vive prend naissance, afin d'être éclairés au sujet de contestations existant alors entre les riverains de cette rivière et ceux de la rivière morte.

Quelques jours auparavant, et dans le but de pouvoir prononcer, avec connaissance de cause, relativement à ces mêmes contestations, ils avaient chargé un juré expert, Nicolas de l'Épine, de leur faire un rapport tant sur l'état respectif de l'une et l'autre rivière que sur les moyens de concilier toutes les parties. Le rapport fut déposé, le 23 août 1724, mais on n'y eut recours que huit ans après.

Cependant, en présence des réclamations incessantes auxquelles donnait lieu le jugement de 1716 et des difficultés qui, disait-on, s'opposaient à son exécution, le Roi désireux d'assurer à la Bièvre une police invariable, qui profitât tant au public qu'aux industries établies sur ses bords et fût de nature à aplanir tous les différends, chargea, le 29 octobre 1726, par un arrêt de son Conseil, le Grand Maître d'entendre tous les interressés et de proposer ensuite les mesures qui lui paraîtraient propres à atteindre le but qu'il avait en vue. Cet officier, après avoir visité, à son tour, la rivière, assisté de l'ingénieur

Servais-Sualem Rennequin, expert nommé d'office [1], formula un avis qui servit de base, avec le rapport de Nicolas de l'Épine, au règlement du 26 février 1732. Par suite des changements survenus dans l'état des lieux, une grande partie des dispositions de ce dernier sont maintenant sans objet, mais comme plusieurs autres sont encore en vigueur, il a été inséré dans le *Recueil des règlements sur l'assainissement de Paris*, récemment publié.

Bien qu'on eût eu tout le temps de le préparer, puisqu'il ne sortit que seize ans après celui des juges de la Table de marbre, on se demande s'il lui est préférable. Le doute est permis quand on compare l'un à l'autre.

Le règlement de 1716 n'avait pas hésité à sacrifier des convenances particulières à l'intérêt commun. Il modifiait le système hydraulique de presque tous les moulins, fixait la hauteur de chute dont chacun d'eux pouvait disposer et entendait qu'ils eussent tous un déversoir. Il ordonnait de combler, sur-le-champ, certaines pièces d'eau de pur agrément et désignait celles dont le fond serait immédiatement remis au niveau du lit de la rivière. Il n'admettait pas que le domaine de la Couronne ou quelque établissement charitable fût affranchi de l'obligation de curer, tout en étant propriétaire riverain. Il décidait que le cours d'eau serait redressé et même élargi là où son canal présentait de trop grandes sinuosités ou n'avait qu'une section insuffisante. Enfin, il prescrivait de faire le nécessaire pour que, dût-on mécontenter quelques industriels, la rivière vive alimentât, de temps en temps, la rivière morte et contribuât ainsi à son assainissement.

---

1. Rennequin était un simple charpentier liégeois qui avait construit la fameuse machine de Marly, sous la direction du baron Deville que Colbert avait fait venir exprès de ce pays. Il acquit une certaine célébrité et fut chargé, par la suite, de travaux hydrauliques et autres, dans la ville de Paris.

L'auteur du règlement de 1732 paraît, au contraire, avoir été dominé par la crainte de déplaire à plusieurs personnages influents. Ce règlement déclare que les moulins resteront sans aucuns changements et qu'il n'y sera point fait de nouveaux déversoirs. Il ne supprime que les pièces d'eau dont l'existence ne serait pas justifiée par des titres valables et se réserve de ne faire relever qu'ultérieurement le fond de celles qui se trouverait trop bas. Il met à la charge des habitants du faubourg St-Marcel et des meuniers la dépense du curage à opérer dans le grand parc de Versailles et fait payer, par quelques industriels, celle de la partie de la rivière traversant l'enclos d'un hôpital. Il ne parle, nulle part, de rectifier le lit du cours d'eau. Enfin, il rétablit, dans leur état primitif, les ouvrages qui avaient été disposés de manière à ce que la rivière vive s'épanchât, à de certains moments, dans la rivière morte, hors le temps du curage.

Quant aux mesures générales ayant pour objet la conservation et la salubrité des eaux, ainsi que la liberté du passage sur les bords de la rivière, l'arrêt de 1732 reproduit, à peu près, celles qui avaient déjà été édictées par les jugements de 1678 et de 1716.

Nous verrons ultérieurement comment la plupart de ces prescriptions furent exécutées.

§ VII

Quelques années après sa promulgation, le règlement de 1732 subit deux importantes modifications. L'une était relative aux appels des décisions rendues, pour son exécution, par le Grand Maître ou par le Maître particulier; l'autre concernait les établissements de blanchisseuses de linge.

Il portait que tout ce que le premier ordonnerait, en conséquence de ses prescriptions, recevrait provisoirement son effet, sauf l'appel au parlement; mais, comme il n'avait pas été revêtu de lettres patentes enregistrées au greffe de cette Cour, celle-ci refusait de le reconnaître et les particuliers qui procédaient devant elle, notamment quand ils étaient mis en demeure d'acquitter leur part contributive, dans les dépenses communes, obtenaient facilement des arrêts de défenses, en sorte que les syndics ne pouvaient rentrer que difficilement dans leurs avances. Pour obvier à cet inconvénient, le Roi décida, le 5 décembre 1741, que les pourvois seraient portés, à l'avenir, non plus au parlement, mais au Conseil d'État, et il ajouta que les appelants n'y seraient reçus qu'en justifiant du payement des sommes pour lesquelles ils auraient été employés dans les rôles de répartition.

L'occasion d'appliquer cette mesure paraît ne s'être présentée qu'une seule fois. Un amidonnier actionné pour le payement de sa contribution, dans les frais d'entretien du faux ru, contribution qu'il trouvait exagérée, s'étant, comme auparavant, adressé au parlement, celui-ci avait admis son pourvoi et ordonné encore la cessation des poursuites jusqu'au jugement définitif. Mais, le 14 octobre 1766, le Conseil d'État, sans avoir égard à l'arrêt que cette Cour avait rendu, évoqua la cause, et comme le réclamant n'avait pas payé, par provision, la somme pour laquelle il avait été imposé, il le déclara purement et simplement non recevable dans son appel.

Bien que les taxes dont il s'agit soient toujours assimilées aux contributions publiques, nous verrons, à la fin de cette notice, que la jurisprudence actuelle n'admet pas que les pourvois de cette nature doivent maintenant être précédés du payement des sommes litigieues.

En vertu de l'article 66 du même règlement, il était défendu aux juges et officiers établis au siège de la Table de marbre de connaître, en première instance, d'aucune demande et contestation concernant la rivière de Bièvre. Cette juridiction étant une cour d'appel, l'interdiction se trouvait parfaitement justifiée. Le même article leur défendait aussi de suspendre l'exécution des sentences rendues par la maîtrise particulière, au sujet des contraventions commises sur ladite rivière et ses affluents. En résultait-il que la Table de marbre était dépouillée du droit qu'elle tenait de l'ordonnance des Eaux et Forêts, de statuer, par voie de recours, sur le bien jugé de ces sentences et de les réformer, quand il y avait lieu, à la condition de ne pas s'opposer à ce qu'elles fussent exécutées par provision? Le Conseil d'État s'est déclaré pour l'affirmative et, par un arrêt en date du 28 janvier 1749, il a évoqué, pour y faire droit lui-même, le pourvoi porté devant l'autre juridiction par un nommé Marchais de Gravier, propriétaire à Bourg-la-Reine, contre une condamnation à l'amende et à la démolition de travaux faits sans autorisation, sur l'affluent dit la Fontaine des moulins.

Pour prévenir toute nouvelle controverse à ce sujet, le Roi, en retenant la cause dont il s'agit, déclara que les dispositions de l'arrêt du 5 décembre 1741 devaient être appliquées aussi bien aux appels des sentences de la maîtrise qu'à ceux des ordonnances du Grand Maître. Dès lors, les jugements qui intervinrent ultérieurement, et par lesquels la Cour de la Table de marbre avait reçu des appels de ces sentences, furent annulés, sans hésitation, par le Conseil d'État. Nous citerons, comme exemples, les arrêts rendus dans les affaires suivantes :

7 janvier 1783. Construction, en travers de la berge, au faubourg St-Marcel, par le sieur Louette, d'une barrière en planches, s'avançant de 2 à 3 pieds, sur le lit même de la rivière morte.

21 octobre 1783. Dégradation de la berge par le sieur de Rubigny, tanneur, rue St-Hippolyte et établissement d'une barrière qui en interceptait absolument le passage.

15 mars 1785. Refus par le sieur Louette, déjà nommé, d'acquitter sa part contributive dans les frais d'entretien de la rivière.

12 juillet 1785. Détournement et épuisement des eaux de la Bièvre, au moyen de saignées et batardeaux, par les sieurs Dejean et compagnie fabricants de toiles peintes, au clos Payen.

Dans la première de ces affaires, le contrevenant produisit, devant le Conseil d'État, ses moyens de défenses auxquels répondirent victorieusement les syndics ; en conséquence, un second arrêt, en date du 30 novembre 1784, confirma la sentence qui, d'après son dire, lui faisait grief.

Quant aux trois autres, nous n'avons pas vu que les appelants aient jugé à propos de soutenir leurs pourvois, bien que mis en demeure de le faire. Les arrêts du Conseil qui, avant faire droit, avaient ordonné l'exécution provisoire des sentences, durent, dès lors, devenir définitifs.

Nous venons de nommer le clos Payen. Comme il en est souvent question dans les actes concernant la rivière de Bièvre, nous croyons utile d'en dire ici quelques mots. Il était situé à l'extrémité du faubourg St-Marcel, immédiatement au-dessus du moulin de Croulebarbe et dépendait d'une maison dont un particulier, appelé Sébastien Payen, qui prenait la qualité de sieur de Persan et de Gentilhomme ordinaire de la Mense du Roi, s'était rendu propriétaire, en 1656. Il résulte de l'enquête qui eut lieu, en mars 1665, sur les causes de l'inondation arrivée l'hiver précédent, que les murs qui l'entouraient n'avaient pas peu contribué à ce sinistre, en mettant obstacle à l'écoulement des eaux. Comme ils s'étaient écroulés en grande partie, le sieur Payen se disposait à les rétablir sur leurs anciens vestiges, mais il en fut empêché par les clameurs des habitants du faubourg, ce qui, prétendait-il, l'avait obligé d'acquérir plusieurs parcelles de terrain contiguës, afin de pouvoir reporter la clôture de sa propriété jusqu'au chemin de Gentilly et de donner à celle-ci plus d'étendue. Quelque temps après elle fut divisée en plusieurs lots.

Les règlements de 1678, 1716 et 1732 défendaient aux blanchisseurs de toiles de s'établir dans le clos Payen ; celui de 1732 imposait plusieurs charges à ses propriétaires, et s'opposait, en outre, à ce que les lessiveuses continuassent à y laver leurs linges ; mais la plupart de ces prescriptions furent continuellement éludées :

Arrivons à la seconde modification apportée à ce dernier règlement. Elle avait trait, avons-nous dit, aux établissements de blanchisseuses. Tant que celles-ci travaillèrent à même la rivière, elles ne furent pas inquiétées ; mais il en arriva autrement, lorsqu'elles se permirent de mettre, sur ses bords, des tonneaux

— 77 —

à demeure dans lesquels elles se plaçaient, afin d'être plus commodément.

En 1671, le sieur Payen avait autorisé, moyennant une légère rétribution, cinq ou six d'entre elles à venir s'installer dans son clos tout près du moulin de Croulebarbe, appartenant alors au chapitre Notre-Dame. Ce dernier s'en plaignit au Maître particulier. Il prétendait que leurs tonneaux gênaient l'accès de la rivière, et, comme il était chargé de la curer, aux approches de son moulin, il devait, ajoutait-il, avoir la libre jouissance des berges, par conséquent, nul n'avait le droit d'y faire d'entreprises, sans son aveu. Le tribunal lui donna raison et, par une sentence du 20 juillet, condamna les lessiveuses à déguerpir sous huitaine, sinon que leurs tonneaux seraient enlevés d'office.

Ainsi, c'est uniquement dans un intérêt privé, et non dans celui du public, que la décision avait été rendue. Mais l'arrêt provisionnel de la Table de marbre, intervenu en 1678, défendit, d'une manière absolue, à toutes blanchisseuses, dans un but facile à comprendre[1], de s'établir, à l'avenir, au-dessus des Manufactures royales[2]. Bien que la prohibition eût été reproduite par le règlement de 1732, les syndics fermèrent longtemps les yeux sur les contraventions, attendu, disaient-ils, qu'ils avaient découvert de nouvelles sources qui augmentaient sensiblement le volume des eaux de la rivière et que, dans leur opinion, ces eaux étaient devenues assez abondantes pour que le lavage du linge ne leur enlevât pas les qualités propres à la teinture et aux autres industries auxquelles elles servaient.

1. Il résulte d'un procès-verbal dressé, le 12 mars 1728, par un garde-pêche que le lavage du linge produisait une épaisse crasse blanche qui salissait les draps des teinturiers, et que, pour s'en défendre, ceux-ci étaient obligés de placer des claies d'osier, en amont de l'endroit où ils travaillaient.
2. Voir plus haut, page 43, ce qu'on entendait par les Manufactures royales.

Leur tolérance avait d'ailleurs un autre motif, celui d'empêcher la ruine de nombreuses familles. Cependant, comme les lavandières qui, en 1732, n'étaient, au plus, qu'une vingtaine, s'étaient multipliées au point de dépasser le nombre de deux cents, et qu'il paraissait juste que, puisqu'elles tiraient un profit des eaux de la Bièvre, elles contribuassent, comme les autres intéressés, aux frais de leur conservation, ils demandèrent que la faveur qu'on leur accordait, fût achetée par une certaine redevance. Une ordonnance du Grand Maître, en date du 1er mars 1754, confirmée en appel par un arrêt du Conseil du 4 mai 1756, accueillit cette proposition. On continua donc à les tolérer, mais à la condition qu'elles payeraient annuellement, à raison de chaque tonneau, cinq livres sur la rivière vive et trois livres sur la rivière morte, pour le produit en être appliqué aux dépenses ordinaires du syndicat.

Un inventaire, dressé quelque temps après, constata qu'il y avait alors 317 tonneaux servant tant au lavage du linge qu'à d'autres usages. Le rôle de recouvrement était arrêté, chaque année, par le Grand Maître. On n'y comprenait pas les tonneaux appartenant à des teinturiers, tanneurs ou mégissiers, attendu que ces industriels participaient déjà dans les frais d'entretien du cours d'eau. Cependant, aucun d'eux ne pouvait en avoir plus d'un à sa disposition, et il était tenu de le fermer d'un couvercle, avec cadenas, afin que des lessiveuses ne pussent pas s'y installer.

La totalité de l'impôt s'élevait à environ 1,300 livres par an. La recette s'en faisait, au commencement, par l'huissier de la maîtrise; mais, en 1761, elle fut confiée à l'un des gardes de la rivière. On lui allouait, à cet effet, la somme de 150 livres, tous frais compris. Il avait ordre de casser le tonneau lorsque le propriétaire était en retard de se libérer. De là naissaient souvent des querelles et des voies de fait. Pour en prévenir le retour, une sentence de la maîtrise, en date du 13 mars 1775, défendit à toutes personnes quelconques de s'opposer au recouvrement des rôles déclarés exécutoires contre les riverains et autres occupant tonneaux sur les berges de la rivière, sinon qu'elles seraient poursuivies suivant la rigueur des ordonnances.

Une fois les tonneaux mis en place, il était défendu d'y faire aucun changement, à peine de 20 livres d'amende. Le Maître particulier jugea, le 31 janvier 1763, que cette pénalité était encourue pour en avoir substitué d'autres à ceux qui avaient été brisés, faute de payement de la taxe et, indépendamment de l'amende, il condamna le contrevenant aux frais d'impression de la sentence, tirée à 50 exemplaires.

En 1790, le district de St-Marcel crut devoir faire des représentations sur le bris des tonneaux, quand leurs détenteurs ne voulaient ou ne pouvaient pas payer. C'était, suivant lui, une peine exhorbitante. Il demandait, en conséquence, qu'elle fût abolie. Cette peine, répondit le Grand Maître, est plus dure dans ses expressions que dans ses effets; le tonneau est, pour l'ordinaire, une futaille qui a coûté 40 sols, au plus, lorsqu'on l'a placée dans le trou qu'elle occupe, on ne peut l'en ôter sans la mettre en pièces, le fond et les cerceaux étant presque toujours pourris; dans cet état, le tout vaut à peine 10 sols. Cependant, par une ordonnance qu'il rendit le 25 juin, il décida que si les propriétaires des tonneaux, pour lesquels la taxe n'aurait pas été acquittée, ne les enlevaient pas eux-mêmes, les syndics les feraient retirer d'office, sans être responsables de leur fracture.

En outre de la rétribution dont nous venons de parler, les syndics en retiraient une autre, très légère, il est vrai, des eaux de la Bièvre employées à faire de la glace pour l'approvisionnement de Paris. Cette industrie s'exerçait au lieu dit le petit Gentilly, où existaient des prairies submersibles bordant les deux bras de la rivière. On les disposait en bassins, à l'approche de l'hiver, pour y retenir les eaux pluviales qui, réunies aux égouttures provenant naturellement de la Bièvre, se congelaient pendant les grands froids et étaient ensuite transportées dans des glacières voisines. Afin de faciliter l'inondation de ces prairies, les propriétaires obtinrent, il y a 130 ans, l'autorisation de prendre directement de l'eau à la rivière, en pratiquant des saignées dans les berges. Ils étaient obligés de fermer les brèches avec soin, après qu'ils avaient reçu la quantité qui leur était nécessaire[1]. Une ordonnance du 1er juillet 1763 nous apprend que deux particuliers jouissaient alors de la faveur dont il s'agit, et qu'ils payaient, à ce sujet, une redevance annuelle l'un de 20 livres, l'autre de 24 livres[2]. Après la Révolution, l'administration continua à se prêter à ce genre de commerce; mais depuis que le petit Gentilly est entré dans Paris et que de grandes glacières ont été établies sur d'autres points, on a cessé, peu à peu, d'avoir recours aux premières. D'ailleurs, les prairies dont il s'agit ont été remblayées, il y a quelque temps, lorsqu'on eut construit l'égout latéral à la Bièvre.

1. Ordonn. du Grand Maître des 13 février 1754 et 21 novembre 1755.
2. Cette recette figura encore dans un rôle de l'année 1775.

§ VIII

Le règlement de 1732 resta plus de dix-huit mois sans être enregistré au greffe de la maîtrise de Paris et, dès lors, sans que les officiers de cette maîtrise fussent à même de veiller à son observation, concurremment avec le Grand Maître. Presque aussitôt après, celui-ci rendit, le 9 janvier 1734, une ordonnance enjoignant aux syndics d'en poursuivre l'effet et de certifier, chaque mois, de leurs diligences, à ce sujet, sous peine d'amende arbitraire contre chacun d'eux et de demeurer responsables de toutes pertes, dépens, dommages et intérêts.

L'étalonnage des fausses vannes servant de déversoirs aux moulins paraît être la première mesure dont ils sollicitèrent l'exécution. L'ingénieur Rennequin, dont nous avons déjà parlé, en a été chargé. Elle a eu lieu en présence tant du Maître particulier, assisté de son greffier, que du procureur du Roi et des parties intéressées. Les syndics s'y sont fait représenter par un fondé de pouvoirs.

On a commencé par le moulin dit du Rat, situé sur le territoire de Jouy, et on a continué en descendant; ce qui fait supposer que les trois ou quatre autres construits au-dessus avaient si peu d'importance qu'ils ne méritaient pas qu'on s'en occupât.

L'étalonnage a consisté à armer chaque fausse vanne de deux bandes de fer plat, disposées en croix, et dont les branches étaient terminées par une fleur de lis. Il a été appliqué à dix-huit usines et on y a employé six vacations. La dépense s'en est élevée à 870 livres qui a été imposée sur les meuniers.

Toutes les fausses vannes, à l'exception de celle du moulin Ponceau, ont été maintenues dans la position et les dimensions où elles se trouvaient. La hauteur de cette dernière a seule été réduite de quelques pouces sur la demande du propriétaire du moulin Copeau.

Le procès-verbal de l'opération a été imprimé. On en trouve un exemplaire dans les bureaux de l'ingénieur en chef du département de la Seine. La minute en est conservée aux Archives nationales.

Après que chaque fausse vanne était étalonnée, le Maître particulier défendait au meunier d'y faire aucun changement, en cas de vétusté ou autrement, sans en avertir les syndics et avant qu'il en eût donné la permission; mais il a été reconnu que ces prescriptions n'avaient pas été fidèlement observées.

Plusieurs dispositions du règlement de 1732 ont pour objet d'empêcher la dégradation des berges de la rivière; leur bon état importe, en effet, à la conservation des eaux. Afin de concourir à ce but, le Maître particulier, sur la demande des syndics, rendit, le 2 septembre 1743, une sentence portant défense d'y faire paître des chevaux ou bestiaux, et de mener boire ces animaux ailleurs qu'aux endroits à ce destinés, sous peine de confiscation et d'être, les contrevenants, condamnés tant à réparer le dommage causé qu'à payer une amende de 50 livres pour la première fois, et du double en cas de récidive. Elle défendait, en outre, sous les mêmes peines, d'arracher les herbes qui croissaient sur ces berges, d'y mettre en tas les pierrailles retirées des terres voisines ou autres immondices.

Quoique le règlement de 1732 ait voulu restreindre, autant que possible, le nombre des canaux dus aux emprunts faits à la rivière, il en a été créé deux nouveaux dans les circonstances suivantes.

En 1748, M. Pichault de La Martinière, premier chirurgien de Louis XV, possédait au village de Bièvres un immeuble limité, d'un côté par un chemin conduisant à Jouy, et, de l'autre, par un pré appartenant à des tiers et qu'elle traversait en serpentant. Comme il désirait l'agrandir, il fit entendre que les eaux de pluies, qui, des coteaux voisins, tombaient sur la route de Versailles et n'avaient, pour se rendre à la Bièvre, que le fossé du chemin de Jouy, pouvaient, lors des chasses royales, donner lieu à des accidents qu'on éviterait en reportant le chemin une trentaine de toises plus loin. Ce déplacement exigeant la construction d'un nouveau pont, on en profiterait pour redresser le cours d'eau, sur une certaine longueur, et ajouter tant à la largeur qu'à la profondeur de son lit, afin d'avoir là un grand canal.

Ces propositions furent soumises à un inspecteur des Ponts et Chaussées qui n'y fit aucune objection. En lui renvoyant son rapport, le ministre lui écrivait que le Roi avait jugé à propos que l'on fît, au plus tôt, les travaux projetés et que le prix en serait payé par le Trésor royal. Ils furent, en conséquence, immédiatement commencés.

Les syndics n'avaient rien à dire contre la translation du chemin; mais, dès qu'ils connurent les entreprises dont la Bièvre était l'objet et dont M. de La Martinière ne se défendait pas d'être l'auteur, ils prirent l'alarme et s'exagérant beaucoup trop, à notre avis, les suites fâcheuses qu'elles auraient relativement au régime de la rivière, ils sollicitèrent de la maîtrise une sentence qui en ordonna la discontinuation; puis, en cas d'appel, ils exposèrent leurs griefs dans deux mémoires successifs adressés au Roi. Leur adversaire y ayant répondu, il en résulta une réplique de la part des syndics[1].

Cependant, l'entrepreneur porta l'affaire devant le Bureau des finances et obtint de ce tribunal la levée des défenses qui lui avaient été faites. Bien qu'une nouvelle sentence eût évoqué toute la procédure et confirmé la première décision, les travaux n'en marchèrent pas moins et furent bientôt terminés.

Il sortit alors, le 14 juillet 1750, un arrêt du Conseil qui, passant sous silence les réclamations auxquelles une partie de ces travaux avait donné lieu, homologua purement et simplement le procès-verbal de leur réception. Comme ils avaient nécessité l'occupation de plusieurs parcelles de terrain payées aux ayant droit, tandis que M. de La Martinière n'avait rien reçu pour celles qu'il prétendait avoir également cédées, le Roi lui fit don tant du canal et des digues qui le soutenaient, que des héritages qui séparaient sa propriété du nouveau chemin, à la condition d'entretenir tous les ouvrages en bon état. Il en résulta que, sans bourse délier, ou du moins n'ayant à faire la dépense que d'une nouvelle clôture, il put augmenter considérablement l'étendue de son domaine, et jouir impunément d'un beau bassin d'eaux vives.

Une pareille solution exaspéra les syndics qui avaient dépensé pas mal d'argent en impressions de mémoires, honoraires d'avocat et frais de voyages, tant à Fontainebleau qu'à Versailles, pour présenter leurs doléances au Souverain. Il faut que leur mécontentement ait été bien grand, puisque le ressentiment s'en était perpétué chez leurs successeurs et

---

1. On conserve aux Archives nationales les pièces produites de deux côtés. On y voit que les syndics regardaient les trois corps de métiers qu'ils représentaient comme ayant droit, concurremment avec les meuniers, à la jouissance exclusive, sinon à la propriété des eaux de la Bièvre; combien ils tenaient à leur conservation, à raison de leurs prétendues qualités souveraines, et avec quelle insistance ils s'opposaient à tout ce qui pouvait en affaiblir le cours.

durait encore en 1794, ainsi que le témoigne un rapport remis, à cette époque, à la Section des Gobelins, sur les moyens d'améliorer le cours de la Bièvre, rapport dont nous reparlerons en temps et lieu.

L'autre affaire, beaucoup plus simple, ne suscita aucun débat. Le sieur de Chamilly, premier valet de chambre du Roi, était aussi propriétaire au même village d'une maison avec un grand jardin où existait un canal alimenté par des eaux de sources et dont il voulait doubler la largeur. Comme il était situé à peu de distance de la Bièvre, il eut l'idée d'y faire passer, dans ce but, un bras de cette rivière, s'il ne devait en résulter aucun dommage pour les meuniers et autres intéressés, et consulta, à ce sujet, le premier arpenteur de la maîtrise. Celui-ci donna un avis favorable, pourvu que l'impétrant disposât les choses de manière à ce que les eaux fussent rendues à leur cours ordinaire, en sortant de son canal. Cette condition ayant été acceptée, les syndics et le Grand Maître ne firent aucune objection au projet. Il intervint alors, le 13 janvier 1767, un autre arrêt du Conseil qui, sans tirer à conséquence, autorisa la dérivation demandée, bien qu'elle constituât aussi une dérogation au règlement.

Les syndics étant tenus de provoquer l'exécution de toutes les dispositions destinées à conserver la rivière en bon état, dès qu'approchait l'époque fixée pour son curage annuel, ils priaient le Grand Maître de rappeler à ceux qui devaient y pourvoir la charge qui leur incombait.

On s'aperçut bientôt combien il était regrettable d'avoir laissé à chaque riverain le soin d'y procéder, le long de sa propriété. En effet, le travail se faisait rarement dans le temps prescrit et était plus ou moins bien exécuté ; il était d'ailleurs rendu difficile et coûteux, faute de concert et il fallait souvent le recommencer. Les intéressés à la conservation des eaux, persuadés que s'il était effectué avec ensemble et confié, dans ce but, à un seul entrepreneur, en vertu d'un marché au rabais, tous ces inconvénients seraient évités, autorisèrent les syndics, par une délibération du 15 juin 1749, à faire le nécessaire pour qu'un arrêt du Conseil modifiât, sur ce point, celui de 1732. Le mode préconisé présentait sur l'autre de tels avantages que l'on s'étonne qu'il n'ait pas été immédiatement adopté. On verra qu'il est suivi, depuis 1802, dans le département de la Seine, le Préfet de police ayant pris sur lui d'en ordonner l'exécution.

Si les particuliers négligeaient de s'acquitter de leurs obligations, le règlement de 1732 portait que le curage aurait lieu d'office et à leurs frais. La somme que chacun d'eux avait alors à payer variait, presque chaque année ; le prix moyennant lequel le travail était adjugé n'étant pas toujours le même. Il parut utile au Grand Maître, en promulguant, le 31 mai 1751, son ordonnance accoutumée, de rendre ce prix invariable ; il le fixa à 10 sols, la toise courante, des deux bords, tant pour la rivière vive que pour la rivière morte, et à 5 sols seulement pour leurs affluents. Il jugea, en outre, que les contrevenants devaient encourir une peine pécuniaire et il leur infligea une amende de 10 livres, pour la première fois et de 20 livres, au moins, pour la seconde.

Pendant un laps de temps considérable, les syndics cessèrent de présenter annuellement la requête dont nous venons de parler. Ce n'est que le 12 juillet 1785 que, sur leur demande, il intervint une dernière ordonnance qui renouvela les dispositions des précédentes. Ils se contentaient de faire remettre, en temps voulu, à chaque meunier et riverain, un avis qui leur rappelait leurs obligations, ainsi que les pénalités auxquelles ils s'exposaient en n'y satisfaisant pas.

Le règlement de 1732 avait bien dit aux frais de qui s'effectuerait le curage sous les ponts du faubourg St-Marcel, mais il ne s'était pas expliqué, relativement à ceux qui existaient hors de Paris. Par ses ordonnances, en date des 8 août 1746 et 2 octobre 1747, le Grand Maître suppléa à ce silence, quant aux principaux, les ponts de Mignaux, d'Antony et de Bourg-la-Reine; il décida que le curage s'y ferait à la diligence des syndics des paroisses sur le territoire desquelles ils étaient situés et que les habitants de ces mêmes paroisses en payeraient la dépense.

Suivant le même règlement, la réception du curage était opérée par un expert que désignait le Grand Maître. Pendant longtemps, celui-ci en chargea les gardes-rivière, mais, après que les contrevenants furent punis d'une amende, le Maître particulier se transportait lui-même sur les lieux, afin de vérifier, par ses yeux, ce qui avait été fait et appliquer immédiatement, le cas échéant, la peine encourue. Nous verrons, plus loin, que les frais auxquels donnait lieu la réception du curage s'élevaient à 424 livres.

Les visites du Maître particulier n'empêchaient pas le Grand Maître d'en faire de son côté, lorsqu'il y était sollicité par les syndics, à l'effet de réprimer les abus de toute nature que les riverains, malgré la surveillance exercée à leur égard, ne cessaient, disaient-ils, de commettre.

On a conservé le procès-verbal d'une de ces visites extraordinaires effectuée le 8 septembre 1752 et jours suivants; il en résulte que le désordre était, encore une fois, arrivé à son comble.

Le Grand Maître mit, séance tenante, plusieurs contrevenants à l'amende et autorisa les syndics à faire assigner les autres devant lui, pour s'entendre condamner à rétablir les choses dans leur état normal.

Quelques jours après il écrivait à l'intendant de la généralité de Paris : « ... J'arrive de faire la visite de la rivière de Bièvre, » dite des Gobelins ; j'ai trouvé que, suivant leur *louable* cou- » tume, les habitants de Bièvres et d'Antony n'avoient pas fait » curer les arches des ponts de Mignaux et d'Antony, lesquelles » sont extrêmement engorgées et arrêtent le cours de l'eau. » J'ai condamné les syndics de ces paroisses à chacun 40 livres » d'amende et leur ai enjoint d'y mettre des ouvriers, dans hui- » taine, sinon qu'il en seroit mis à leurs dépens. Je vous prie de » faire donner, une bonne fois, des ordres à ces communautés, » pour qu'elles ne se fassent pas faire de frais... »

Ce fonctionnaire avait perdu de vue que le pont de Mignaux était situé sur le territoire de Verrières et non sur celui de Bièvres. Aussi, les habitants de ce dernier village témoignèrent-ils leur étonnement à la réception des injonctions qui leur furent faites. Ils ne connaissaient point, disaient-ils, le pont de Mignaux et déclaraient n'avoir jamais entendu parler de la sujétion à laquelle on les prétendait astreints. Nous n'avons pas besoin d'ajouter que, l'erreur une fois reconnue, la condamnation prononcée contre leur syndic fut retirée.

Quant au pont d'Antony, le subdélégué de l'intendant qui s'y était transporté constata, en effet, que le curage n'y avait pas été exécuté : « C'est là, disait-il à son supérieur, qu'il est le » plus nécessaire, et c'est là que l'embarras est le plus grand, » attendu que la paroisse n'a pas un sou de réserve et que le » syndic m'a assuré que si l'on commande les habitants par » corvée, ils n'obéiront qu'autant qu'ils verront un ordre de » votre part. Comme le froid augmente chaque jour et que le

» travail devient de plus en plus pénible, j'ai cru agir, suivant
» vos intentions, en le chargeant de le donner à faire au rabais,
» dès aujourd'hui, et d'en avancer le prix qui ne sera que d'en-
» viron 50 livres. Je lui ai fait espérer que votre grandeur vou-
» dra bien en ordonner le remboursement, en imposant cette
» somme, conjointement avec la capitation, ou par telle voie
» qu'elle jugera à propos. »

Lorsque l'administration se trouvait dans la nécessité de faire exécuter le curage d'office, elle rencontrait souvent des difficultés, surtout à la campagne, pour savoir à qui appartenaient les pièces de terre au droit desquelles il avait été négligé. Afin de parer à cet inconvénient, une sentence de la maîtrise, en date du 14 mai 1734, enjoignit aux syndics des paroisses dont elles dépendaient d'en faire connaître, au besoin, les limites exactes, ainsi que les noms de leurs propriétaires respectifs, le tout à peine d'amende.

Dans le même but, un arpenteur du nom de Jubin, entreprit de lever le plan détaillé du cours de la rivière et de ses bords, en partant de son embouchure. Lorsqu'il fut arrivé au pont de Mignaux, il réclama des syndics 1,500 livres pour ses honoraires. Ceux-ci se récrièrent contre l'énormité de cette somme et refusèrent de la lui payer, en objectant d'ailleurs qu'ils ne l'avaient chargé d'aucune opération. Il prétendit qu'il n'avait fait qu'obéir aux ordres de l'autorité, mais il mourut, avant d'avoir fait la preuve de son assertion. Cependant, comme son travail avait une certaine utilité, il intervint, entre les syndics et ses héritiers, une transaction que le Grand Maître homologua, le 10 septembre 1746, et aux termes de laquelle lesdits héritiers s'engagèrent à fournir trois exemplaires du plan complet de la rivière, moyennant 600 livres seulement.

Il est probable que c'est de l'un de ces exemplaires qu'il est question dans le récépissé suivant dont l'original se trouve aux Archives nationales.

« Je soussigné syndic en exercice des intéressés à la conser-
» vation des eaux de la rivière de Bièvre, reconnois que M. Mau-
» point, greffier en chef de la maîtrise de Paris, m'a remis entre
» les mains le plan général de ladite rivière, en 40 feuilles, et
» les deux tables qui facilitent la connoissance des renvois, dont
» je le décharge.

» Fait à Paris, le 19 avril 1759.

» *Signé :* De Jullienne. »

Avant même que le règlement de 1732 eût été enregistré à la maîtrise de Paris, on y avait procédé, mais rien que pour une année, et moyennant la somme de 665 livres, à l'adjudication, au rabais, du transport journalier à la campagne, des morts-plains, cornes, cornichons, etc., provenant des manufactures établies au faubourg St-Marcel. En vertu de marchés successifs passés de gré à gré, l'adjudicataire continua de se charger de l'opération, à raison de 500 livres seulement. Plus tard, il se contenta de 300 livres et même de 120. Il est vrai qu'il ne l'effectuait alors que tous les lundis, en sorte que les industriels, qui se trouvaient à l'étroit, jetaient leurs détritus dans la rivière pour ne pas les garder, des semaines entières, sur les berges. Une ordonnance du 22 juin 1756 autorisa les syndics à traiter, pour leur transport, avec l'entrepreneur de l'enlèvement des boues de Paris. Depuis ce moment, le service se fit régulièrement, chaque jour, et ne coûta que 100 livres par an. Les frais en furent toujours répartis, ainsi que l'avait décidé le Grand Maître, en 1743, savoir : un dixième sur les teinturiers, un autre dixième sur les mégissiers et le reste sur les tanneurs.

L'application de l'article du règlement de 1732, relatif à la plate-forme ou couronnement de la berge que les riverains doivent laisser entre leurs héritages et le cours d'eau, a donné lieu à quelques divergences d'opinions, faute d'accord sur la signification du mot *empatement*. Perrot, dans son *Dictionnaire de la voirie*, en a donné la définition. Suivant lui, on entend par empatement la différence d'épaisseur de deux murs superposés. Si, par exemple, un mur en fondation a 24 pouces d'épaisseur et que celui qu'il supporte n'en ait que 18, comme les règles de l'art exigent que le milieu de chacun d'eux soit sur la même ligne, le mur supérieur se trouvera avoir un empatement de 3 pouces de chaque côté.

Le profil en travers de ladite plate-forme présenterait donc, avec les deux talus destinés à la soutenir, la figure d'un trapèze de 2 pieds de hauteur, ayant 4 pieds de longueur à son sommet et 10 à sa base. La différence ou l'empatement serait alors de 6 pieds, dont l'assiette de chaque talus occuperait la moitié.

Cette manière d'interpréter l'article dont il s'agit paraît la seule admissible.

Les syndics avaient représenté au Roi, en son Conseil, que pour simplifier et accélérer la confection des rôles des dépenses à recouvrer sur les riverains des faubourgs St-Marcel et St-Victor, il serait désirable que l'étendue en longueur de chaque propriété fût, une fois pour toutes, indiquée d'une manière fixe et apparente. Ils ajoutaient que la perception des taxes imposées sur les tonneaux serait rendue plus facile si elles étaient payées par les propriétaires des terrains, sur lesquels ils étaient établis, sauf leur recours contre les blanchisseuses. Enfin, ils pensaient qu'il serait juste que les particuliers qui, pour leur agrément, jouissaient de pièces d'eau alimentées par la Bièvre, contribuassent au payement du salaire des sergents à garde, attendu que si elles étaient abondamment pourvues, on le devait à la vigilance de ces agents[1].

Ces observations ayant paru fondées, le Conseil d'État en fit l'objet, le 18 mai 1756, d'un arrêt dont le Grand Maître reçut l'injonction d'assurer l'exécution. L'ordonnance qu'il rendit, à ce sujet, le 8 mars 1757, prescrivit de procéder, en outre, à la reconnaissance ainsi qu'au toisé de tous les affluents de ladite rivière, afin de pouvoir se rendre approximativement compte de la dépense que devait occasionner leur curage.

Jean Renard, premier arpenteur de la maîtrise, fut chargé de ces diverses opérations. Son procès-verbal existe également aux Archives nationales. On y voit notamment que la Bièvre avait alors 8,586 toises de longueur, depuis sa source jusqu'au clos Payen exclusivement, et que, dans tout ce parcours, un grand nombre tant de fontaines que de ruisseaux, ayant un développement total de 18,327 toises, y déversaient leurs eaux. Le plus considérable de ces ruisseaux était celui de Vauhallan[2] qui, avec ses branches, présentait une longueur, en toises, de...4,159

Venaient ensuite, dans l'ordre de leur importance :

Le ruisseau de Wissous qui en avait..................2,835

Celui de la Fontaine des moulins, mesurant..........1,827

Celui de Villouvette................................1,143

Celui des Godets...................................1,023

et celui de la Fontaine de l'Abbaye-aux-Bois...............953

On peut juger, par là, combien la Bièvre était redevable à ses

---

1. Ces particuliers avaient déjà été compris dans un rôle de répartition arrêté e 7 février 1736. Si l'on n'avait pas continué à les imposer, c'est probablement qu'on avait reconnu qu'il était nécessaire que le Souverain en eût donné l'autorisation.

2. Indépendamment des eaux qu'il recevait de la fontaine dite des Ruchères, le ruisseau de Vauhallan servait de dégorgeoir à l'étang de Saclay, en sorte qu'il était très abondant à de certains moments, et produisait même des inondations dans la Bièvre. Il paraît qu'il en est encore ainsi aujourd'hui.

affluents et de quel intérêt il était qu'ils fussent toujours bien entretenus, afin que le cours en fût constamment libre et qu'elle perdît le moins possible de leur tribut.

L'arrêt du 18 mai 1756 ne reçut son exécution qu'en partie; les taxes imposées sur les tonneaux continuèrent à être payées directement par les blanchisseuses. Quant aux pièces d'eau, Renard en compte plus de 50, présentant une superficie totale de 17,721 toises. Il est facile de concevoir que, par suite de leur imbibition et de leur évaporation, ces nappes liquides devaient puissamment contribuer, surtout pendant l'été, à l'appauvrissement de la rivière. C'est donc avec raison que le règlement de 1732 avait défendu d'en accroître le nombre et ordonné de combler celles qui existaient sans titre. On ignore d'ailleurs pourquoi les syndics n'usèrent pas de l'autorisation qu'ils avaient sollicitée de faire payer une redevance à leurs possesseurs.

Il est souvent question, dans le règlement de 1732 et dans ceux qui l'ont précédé, des intéressés à la conservation des eaux de la Bièvre, mais il n'est dit, nulle part, du moins en termes précis, ce qu'on entendait par là. Un arrêt du Conseil, en date du 25 octobre 1746, y a suppléé. Suivant lui, les intéressés étaient (indépendamment de tous les meuniers) les teinturiers, tanneurs et mégissiers établis sur les deux bras, depuis le moulin de Croulebarbe jusqu'à la Seine et les propriétaires riverains de ces mêmes bras. Cependant, nous voyons que, lorsqu'il s'agissait de répartir les dépenses dont les syndics avaient fait l'avance, les industriels des faubourgs St-Marcel et St-Victor, autres que ceux des trois corps de métiers que nous venons de nommer, étaient également portés sur les rôles, et que, par contre, les riverains qui justifiaient ne pas faire usage des eaux de la rivière n'y étaient pas compris. On sent, dès lors, combien il devait entrer d'arbitraire dans la confection de ces rôles.

Il fut un temps où l'on craignait que le trop grand accroissement du territoire et de la population de Paris ne causât, plus tard, la ruine de cette ville. En conséquence, des ordonnances royales avaient défendu de construire dans les faubourgs, au delà de certaines limites, et d'élever en deçà de nouveaux bâtiments ayant plus d'un étage au-dessus du rez-de-chaussée. Les tanneurs, qu'on avait obligés de s'établir au faubourg St-Marcel, ayant représenté que de pareilles constructions ne pourraient suffire à leur commerce et au logement de leur famille, une déclaration du Roi, en date du 28 septembre 1728, leur permit, par exception, de faire tels bâtiments qu'ils jugeraient à propos, pourvu qu'ils n'excédassent pas la hauteur de 30 pieds depuis le sol jusqu'au-dessus de l'entablement, et que le grenier fût à claire voie, sans être fermé de cloisons, murs de refend ou autrement.

Les idées ont bien changé depuis lors; la grande extension donnée, en 1860, aux limites de la Capitale, en est la preuve. L'administration, loin de s'opposer à la multiplicité des habitations, l'encourage, au contraire, de tout son pouvoir, et si elle réglemente leur hauteur, c'est dans un tout autre but que celui de restreindre, ainsi qu'autrefois, le nombre des locataires. Toutes les dispositions rappelées ci-dessus n'ont donc plus leur raison d'être et ce serait à tort, suivant nous, que l'on considérerait celles qui concernent les bâtiments bordant la rivière de Bièvre comme étant encore en vigueur et que, par ce motif, on les aurait insérées dans le *Recueil des règlements sur l'assainissement de Paris.*

§ IX

Au nombre des mesures proposées, en 1665, pour éviter les débordements de la Bièvre dans le faubourg St-Marcel, figurait, on a dû le remarquer, l'ouverture d'un fossé de décharge ou faux ru, à l'aval du pont aux Tripes. Ce nouveau bras traversait un pré appartenant à un boucher appelé Triplet, pénétrait dans quelques autres propriétés particulières, notamment dans le jardin de l'hôpital des filles de la Miséricorde, et rejoignait la rivière avant qu'elle tombât dans la Seine. Il ne paraît pas avoir été jamais d'une bien grande utilité. Néanmoins, il a donné lieu à plusieurs incidents dont nous allons succinctement parler, malgré le peu d'intérêt qu'ils présentent maintenant.

L'un des tanneurs qui, en 1673, avaient été obligés de sortir de Paris, le sieur Nicolas Bouillerot, ayant acquis le pré Triplet, pour y transporter son établissement, s'était permis d'en combler le fossé. Sur les plaintes qui en furent faites, des experts proposèrent, tout en le recreusant, d'en rapprocher l'entrée du pont aux Tripes et d'y construire un déversoir contigu à la tannerie du nouveau venu, dont une galère servait d'enseigne. Les juges de la Table de marbre adoptèrent cet avis et autorisèrent les syndics à faire exécuter les travaux, sauf à en répéter le montant sur ceux qui devaient en supporter la charge.

Avant tout, il leur fallut pourvoir au payement des frais de l'expertise s'élevant à 795 livres 7 sols 6 deniers. Comme il n'y avait pas d'argent dans la caisse commune, ils se cotisèrent pour en faire l'avance. Il s'agissait ensuite de résoudre quelques questions auxquelles le sieur Bouillerot attachait un certain prix. L'arrêt provisoire du 26 octobre 1678 portait qu'elles seraient examinées lorsqu'on statuerait définitivement sur la réformation de la rivière; mais ce dernier, las d'attendre, obtint, en 1683, que l'on s'en occupât séparément. Après une seconde expertise, et de nombreux dits et contredits, les intéressés furent condamnés, le 14 mai 1686, dans la personne de leurs syndics : 1° à payer au réclamant la somme de 837 livres, pour 93 toises de terrain qui lui avaient été prises; 2° à faire à l'entrée du canal un revêtement en pierre de taille, avec massif et glacis; 3° à établir, le long de ses bords, sinon des murs en maçonnerie, du moins des pieux et madriers pour prévenir l'éboulement des terres; 4° enfin, à l'entretenir et le nettoyer avec soin.

Afin de se soustraire à ces condamnations, les syndics, alors réduits au nombre de trois, usèrent d'un singulier moyen, ils donnèrent leur démission.

Plusieurs arrêts intervinrent alors pour vaincre leur résistance. Voici la date des principaux et une brève analyse de leurs dispositifs.

27 mai 1686. Les démissionnaires tenus de s'entendre promptement avec les marguilliers de St-Médard pour provoquer la nomination des trois autres syndics destinés à les remplacer.

26 septembre 1686. Les nouveaux syndics obligés de satisfaire, conjointement avec les anciens, aux prescriptions du jugement du 14 mai; autorisés à répartir, dans ce but, sur tous les intéressés à la conservation des eaux, les sommes dont ils feront l'avance.

29 juillet 1687. Les six syndics n'ayant pu se mettre d'accord à ce sujet, ordonné que, pour procéder à la répartition, ils s'assembleront devant le lieutenant général de la Cour, sinon con-

damnés, en leurs propres et privés noms, au payement de l'indemnité adjugée au sieur Bouillerot.

28 août 1687. L'assemblée a lieu, mais on y soulève la question de savoir si les habitants de la rue du Fer-à-Moulin doivent ou non être compris au nombre des intéressés. Enjoint aux syndics en exercice de faire vider l'incident dans le délai de trois mois. En attendant, tenus d'acquitter immédiatement, de concert avec les anciens, la somme due aux héritiers Bouillerot (celui-ci venait de mourir), permis, à cet effet, de contracter un emprunt.

9 décembre 1687. Les nouveaux syndics prétendent que leurs prédécesseurs sont seuls passibles des condamnations prononcées, comme ayant entamé le procès sans l'aveu des intéressés et n'ayant pas suffisamment soutenu leurs droits. Admission de leurs conclusions, faute par leurs adversaires d'y avoir défendu.

6 février 1688. Sur la preuve fournie que les anciens syndics n'ont laissé aucuns deniers dans la caisse commune, décidé derechef que, à la diligence des uns et des autres, en présence du lieutenant général de la Cour, il sera dressé, sur tous les intéressés, un rôle de répartition des sommes revenant aux héritiers Bouillerot, en principal, intérêts et frais, pour leur être remises, après recouvrement.

6 mai 1688. Ordonné qu'on n'y fera figurer que ce qui est dû auxdits héritiers et que, dès lors, nonobstant la demande des syndics, il ne comprendra pas les dépens auxquels ces derniers ont été successivement condamnés.

Le rôle de répartition fut enfin arrêté, le 17 mai 1688. Il s'éleva à 2,973 livres 8 sols; en sorte que l'indemnité allouée au sieur Bouillerot se trouva plus que triplée par suite du mauvais vouloir que les syndics avaient mis à l'acquitter, sans compter les frais de procédure qu'ils eurent à supporter.

Quant au déversoir, il prit le nom de la tannerie dont il était proche et consistait toujours en une simple brèche pratiquée dans le lit de la rivière. L'arrêt du 28 février 1716 enjoignit aux syndics de le construire en pierres de taille et d'y mettre deux vannes en bois. Le canal reçut, d'ailleurs, 12 pieds de largeur sur toute son étendue.

Dans le but de faciliter l'assainissement de ce bras de rivière, il avait été ordonné, au sergent à garde du canton, d'en tenir les vannes levées pendant trois heures, deux jours de la semaine, du 15 avril au 15 novembre, afin qu'il y parvînt un courant d'eau assez fort pour en entraîner toutes les immondices. Mais ces précautions furent très négligées.

Cependant, des amidonniers étaient venus se fixer, depuis longtemps, près de ce faux ru et s'en servaient pour se débarrasser des résidus provenant de leurs fabriques. Comme on y laissait aussi couler le sang de la tuerie située dans la maison dite de Scipion, il en résultait des exhalaisons pestilentielles dont l'hôpital des Filles de la Miséricorde était particulièrement très incommodé. Pour y remédier, les administrateurs de cet établissement obtinrent, en 1744, l'autorisation de paver, à leur frais, le fond du canal, le long de leur jardin et d'user eux-mêmes des autres moyens prescrits pour son assainissement. Peu de temps après, il fut permis aux syndics d'en paver le surplus et de répéter, sur les riverains, le montant de la dépense, évaluée à 4,000 livres, y compris la consolidation de quelques parties des berges. Mais, un arrêt du Conseil, en sanctionnant, le 25 octobre 1746, l'exécution des travaux, décida que chaque amidonnier y contribuerait seulement pour une somme fixe de 30 livres et que le reste serait réparti sur tous les intéressés à la conservation des eaux de la rivière. Il ordonna, en outre, que les amidonniers participeraient, chacun pour une autre somme de 5 livres, dans l'entretien annuel de tous les ouvrages.

L'amélioration obtenue parut tellement importante qu'elle fit l'objet d'une inscription qui se lisait sur une table de marbre et dont suit la teneur.

« Du règne de Louis quinze, le bien aimé, Roy de France et
» de Navarre.

» Messire René-Charles de Maupeou, chevalier, premier pré-
» sident au parlement de Paris, premier administrateur et
» protecteur de l'hôpital des cent filles orphelines de Paris, éta-
» bly rue Censier, faubourg St-Marcel,

» Sur les remontrances de MM. Guéret, prêtre, docteur de la
» maison de Sorbonne, Arrault, ancien avocat au parlement de
» Paris, de Farcy, conseiller au Chastelet de Paris, et Regnouf,
» conseiller du Roy, en sa cour des monnoies, administrateurs
» dudit hôpital de Notre-Dame de la Miséricorde, fondé par la
» piété de messire Antoine Seguier, président à mortier au par-
» lement de Paris,

» Que le faux ru de la rivière de Bièvre, dite des Gobelins,
» depuis le déversoir de la Galère, jusqu'à sa jonction à la
» rivière, étably pour garantir les habitans des fauxbourgs
» St-Marcel et St-Victor, des accidens des crues d'eaux et faci-
» liter la plus prompte décharge des inondations, étoit devenu,
» par succession de temps, un cloaque infect qui occasionnoit
» des maladies et la mortalité dans ces fauxbourgs et audit
» hôspital,

» Messire Louis-François du Vaucel, chevalier, conseiller du
» Roy en ses conseils, Grand Maître enquesteur et général ré-
» formateur des Eaux et Forêts de France, au département de
» Paris et Isle de France, commissaire du Conseil en cette partie,

» auroit ordonné que le faux ru de la dite rivière seroit nettoyé,
» curé à vif fond et pavé dans toute sa longueur, aux frais des
» intéressés à la conservation des eaux de la rivière de Bièvre[1],
» conformément aux règlemens des 26 février 1732, 5 décem-
» bre 1741 et 25 octobre 1746.

» Ce qui a été exécuté par les soins de MM. Jean-Louis-Nicolas
» Trinquant, écuyer, sieur des Marais, conseiller du Roy, Maître
» particulier, Wiry Henry de la Pièvre, conseiller du Roy, Lieu-
» tenant, Augustin Dague, conseiller du Roy, Garde marteau,
» Charles-Antoine Chéret, conseiller et procureur de Sa Majesté,
» en la maîtrise des Eaux et Forêts de Paris, maître Gabriel-
» Thomas Maupoint, Greffier.

« Jean Alexandre de Jullienne, Edme-François Huguet, et
» Jean Guyet, syndics de la rivière, en 1746, ont fait poser
» cette inscription pour perpétuelle mémoire, et faire connoître
» à la postérité la nécessité d'entretenir un ouvrage public aussi
» utile à la conservation des citoyens. »

C'était, on l'avouera, faire beaucoup de bruit pour peu de besogne.

Afin d'assurer encore mieux l'assainissement du faux ru et qu'il n'y entrât, à cet effet, que des eaux claires, le Grand Maître avait imposé aux amidonniers, le 25 janvier 1747, l'obligation de déposer, dans des réservoirs et puisards, tous les résidus que produisait leur commerce, puis, de les faire enlever par l'entrepreneur chargé de transporter à la campagne les immondices provenant des autres établissements industriels. De plus, un des gardes de la rivière reçut, de nouveau, la mission de le nettoyer, chaque semaine, et d'en extraire les sons qui s'y seraient échap-

---

1. Ils n'ont pas eu toute la dépense à leur charge, puisque, d'après ce qui précède, l'hôpital de la Miséricorde en avait payé une partie.

pés. La communauté des amidonniers était tenue de lui payer une somme de 100 livres pour ses peines et menus frais.

Ceux-ci, après un long silence, ayant réclamé contre ces mesures, un arrêt du Conseil, en date du 4 mai 1756, les dispensa non seulement de se servir de l'entrepreneur public pour l'enlèvement de leurs immondices, à la condition de les faire conduire eux-mêmes aux champs, mais encore, de construire les réceptacles prescrits, à moins qu'une nouvelle expertise en eût fait connaître la nécessité. Ils obtinrent d'ailleurs que l'indemnité à allouer au garde-rivière comprît, indépendamment de ses menus frais, la fourniture des balais et autres ustensiles.

Moyennant le payement tant de leur taxe individuelle de 5 livres, pour l'entretien annuel du faux ru, que des 100 livres qu'ils donnaient, chaque année, pour le nettoiement de son canal, ils auraient voulu n'avoir pas à contribuer dans les différentes charges du syndicat, mais leur demande fut repoussée par une ordonnance du Grand Maître, en date du 26 août 1763.

Dès lors, ils crurent pouvoir s'installer sur la rivière elle-même, puisqu'on les obligeait à participer dans les frais de sa conservation. Les intéressés l'entendirent autrement; sous le prétexte que les immondices provenant de leur commerce tachaient et piquaient les étoffes des teinturiers et les peaux des tanneurs et mégissiers, ils chargèrent les syndics, dans une délibération du 1er mai 1764, de solliciter une ordonnance prescrivant aux amidonniers de se retirer, dans le délai de trois mois, et d'aller s'établir ailleurs, à peine de 3,000 livres d'amende et de confiscation de leurs marchandises. Ils s'arrogeaient ainsi le droit de jouir du cours d'eau à l'exclusion de tous autres industriels. Mais les syndics craignirent, sans doute, que l'administration n'admît pas des prétentions si exorbitantes, du moins ne voyons-nous pas qu'ils aient obéi à l'invitation qui leur avait été faite.

Pour en finir avec les amidonniers, ajoutons qu'ils étaient dans l'usage d'élever des porcs qu'ils nourrissaient avec les sons et autres détritus de leurs fabriques, ce qui occasionnait des puanteurs dont se plaignaient les habitants du voisinage; d'un autre côté, les ordures de ces animaux empoisonnaient, disait-on, la rivière et *gâtaient les confits* des mégissiers. Déjà, par un arrêt du 19 octobre 1673, les juges de la Table de marbre leur avaient interdit de les garder dans leurs demeures ; ces défenses étant tombées en désuétude, le Maître particulier crut devoir les faire revivre par une sentence du 4 décembre 1769.

Le faux ru a subsisté jusque dans ces derniers temps ; il a été supprimé lorsqu'on a procédé à l'exécution des travaux d'assainissement de la Bièvre, dans l'intérieur de Paris, et il n'en reste aujourd'hui aucune trace.

§ X

Après que le nombre en fut considérablement augmenté, les habitants des faubourgs St-Marcel et St-Victor reconnurent que, sous le rapport de la salubrité et pour l'exercice des industries auxquelles la plupart se livraient, il importait que les eaux fournies par la Bièvre fussent diverties le moins possible. En conséquence, nous avons vu que, dès l'année 1671, ils avaient spontanément chargé six d'entre eux de prendre en mains l'intérêt de tous et de veiller particulièrement à ce que le but auquel ils aspiraient fut atteint [1].

Ces commissaires, qui prenaient la qualification de syndics, étaient alors : Jean Duvivier qui possédait sur les bords de la rivière une grande propriété d'agrément [2]; Jean de Vitry, teinturier; Claude Moreau, meunier; Joseph Bouillerot, tanneur; Adrien Pasquier, peaussier, et Louis Hugot, mégissier.

Aucune limite n'ayant été assignée à la durée de leur mandat, ils se proposaient de le remplir jusqu'au moment où l'on statuerait définitivement sur *la réformation* de ce cours d'eau. En attendant, comme ils s'efforçaient de résister aux entreprises

---

1. Déjà, par une ordonnance du 2 juin 1667, les Trésoriers de France avaient enjoint à deux mégissiers de la rue de Lourcine de les avertir des contraventions, mais ce moyen paraissait peu efficace.
2. Il était attaché à la chancellerie et ajoutait à son nom le titre de Conseiller, Secrétaire du Roi, Maison et Couronne de France.

illicites qui se commettaient, ils firent des mécontents qui leur suscitèrent une foule d'entraves. A ce sujet, il intervint, le 14 mars 1679, un arrêt des juges de la Table de marbre qui, tout en leur enjoignant de tenir la main à l'exécution des mesures qui venaient d'être provisoirement prescrites, fit défenses de les troubler dans leurs fonctions, à peine, envers les contrevenants, de 1,000 livres d'amende, et d'être poursuivis comme perturbateurs du repos public.

Des contrariétés d'une autre nature attendaient les syndics ; on les accusa de frapper arbitrairement de contributions énormes les habitants des deux faubourgs et de ne pas rendre compte de leur emploi. Les plaintes étant venues jusqu'au Conseil d'État, par un arrêt du 21 décembre 1683, il enjoignit à ceux qui en étaient l'objet de mettre, entre les mains du Contrôleur général des finances, les titres qui les autorisaient à faire de pareilles levées et d'indiquer les dépenses au payement desquelles ils les destinaient. Par un autre arrêt, du 16 décembre de l'année suivante, il chargea le Prévôt des marchands d'examiner les justifications qu'ils venaient de produire, ainsi que les réclamations des plaignants, et de donner son avis sur le tout ; enfin, par un troisième arrêt du 24 novembre 1685, il reconnut que les accusations n'étaient pas fondées et autorisa les syndics à poursuivre le recouvrement des rôles que le lieutenant général au siège de la Table de marbre avait rendus exécutoires. Des oppositions ayant été formées contre cet arrêt, elles furent levées par un dernier, en date du 14 décembre 1688.

Les deux premiers commissaires étant décédés sur ces entrefaites, et le troisième, qui était mal dans ses affaires, ayant cru devoir se retirer, le syndicat ne se trouva plus composé que de trois membres.

Ce nombre ayant paru suffisant, un des arrêts du Conseil que nous venons de citer, celui du 24 novembre 1685, décida que, si bon leur semblait, ces derniers fonctionneraient encore deux ans et qu'il serait pourvu ensuite à leur remplacement. Il ajoutait, on ne sait trop pourquoi, que l'élection aurait lieu à la diligence des marguilliers de la paroisse de St-Médard.

Nous avons déjà dit, page 96, que les syndics restés en charge démissionnèrent, afin de se soustraire au payement de certaine somme auquel ils avaient été condamnés, il fallut donc s'occuper de leur donner des successeurs. Une discussion s'éleva, à cette occasion, entre les marguilliers et les principaux intéressés à la conservation des eaux de la rivière. Les premiers prétendaient que l'arrêt du Conseil, en les chargeant de convoquer l'assemblée, leur avait, par cela même, conféré le droit d'y voter; les intéressés soutenaient, au contraire, qu'ils ne pouvaient le faire qu'autant qu'ils exerçaient une des trois industries de teinturier, tanneur ou mégissier. Mais un arrêt de la Table de marbre, du 21 mars 1686, jugea qu'il leur suffisait d'être marguilliers pour user de la faculté qu'ils revendiquaient.

L'élection se fit devant notaires, le 9 juin suivant, dans les personnes de Charles Dufour et Jacques Boudon, tanneurs, et de Jean Boulet, mégissier. Les teinturiers n'y furent donc pas représentés. Plus tard, l'usage s'établit de ne nommer, chaque fois, qu'un seul membre des trois communautés. Cet usage devint la règle, et nous trouvons une sentence de la maîtrise, en date du 27 juillet 1712, qui mit à néant une élection où il n'avait pas été observé.

En 1714, les pouvoirs des syndics, élus deux ans auparavant, étant expirés, le Grand Maître prit sur lui de procéder à leur remplacement, dans une des salles de l'hôpital des Filles de la Miséricorde où, à cet effet, il avait réuni les intéressés;

mais, le 22 juin, les juges de la Table de marbre annulèrent l'élection comme n'ayant pas été faite suivant les dispositions de l'arrêt du 24 novembre 1685. Une seconde assemblée fut convoquée, six jours après, dans les formes indiquées par cet arrêt, et là, furent nommés syndics : Claude de Vitry, père, teinturier; Joseph Bouillerot, tanneur, et Louis Lafillard, mégissier.

Le jugement de réformation du 28 février 1716 apporta quelques modifications au mode de votation ; les électeurs furent divisés en deux classes : les propriétaires de maisons et les locataires. La nomination de deux des syndics était dévolue aux premiers et celle du troisième aux derniers. Il leur était enjoint de les prendre parmi ceux d'entre eux qui étaient teinturiers, tanneurs ou mégissiers, et de faire en sorte que le corps de chaque métier continuât d'être représenté par un de ses membres. L'opération devait s'effectuer en présence du procureur du Roi établi près de la Cour et avoir lieu, comme par le passé, dans la chambre ordinaire de St-Médard. Elle se faisait d'ailleurs le dernier dimanche du mois de juin, à l'issue des vêpres, et les nouveaux titulaires entraient en fonction dès le 1er juillet.

Néanmoins, l'élection qui suivit immédiatement ce jugement se fit encore conformément à l'arrêt du Conseil de 1685. Ce ne fut qu'en 1717 que l'on commença à observer le nouveau mode prescrit. Les noms qui sortirent alors de l'urne furent ceux de François Jullienne, teinturier, Joseph Bouillerot, fils, tanneur et Pierre Chevalier, mégissier.

Le règlement élaboré en Conseil d'État, le 26 février 1732, portait également que l'on continuerait de procéder aux nominations dans la salle de la fabrique de St-Médard, qu'elles se feraient de la manière accoutumée et en présence du procureur du Roi attaché à la maîtrise. Toutefois, nous avons quelques raisons de penser qu'on avait cessé, depuis longtemps, de partager les électeurs en deux classes, et qu'ils ne formaient plus qu'un seul collège, comme auparavant.

Le même règlement ajoutait que, d'après l'usage, le syndicat serait composé d'un teinturier, d'un tanneur et d'un mégissier, et il en excluait, pour toujours, sans en donner la raison, ceux qui, bien qu'exerçant ces métiers, s'étaient établis rue de Lourcine, le long de la rivière morte.

La mise, en quelque sorte, à l'*index*, de ces derniers, tenait aux circonstances suivantes.

Le sieur Joseph Bouillerot père, l'un des tanneurs domiciliés dans cette rue, s'était fait élire syndic, en 1714. En cette qualité il avait encaissé les 3,200 livres levées, cette année-là, sur les intéressés à la réformation que l'on préparait, et destinées à payer les frais de l'instruction qu'elle exigeait. Par son insistance il avait obtenu des juges de la Table de marbre que la rivière morte, sur laquelle il travaillait, fût, au moyen de certaines dispositions, constamment alimentée par la rivière vive ; il s'était ainsi attiré l'animosité des industriels riverains de cette dernière qui trouvaient n'avoir jamais assez d'eau. Plusieurs années s'étaient déjà écoulées depuis le jugement du 28 février 1716 et il n'avait pas encore remis à ses successeurs différentes pièces produites devant la Cour, ni rendu compte des sommes qu'il avait reçues. On voit que les choses n'étaient pas plus avancées en 1732. Il poursuivait d'ailleurs, avec ardeur, l'exécution dudit jugement, bien qu'il sut que la cassation en était sollicitée par les nouveaux syndics. Enfin, ceux-ci prétendaient que le désordre auquel on cherchait à remédier durerait tant qu'on admettrait dans le syndicat un tanneur ou un mégissier de la rue de Lourcine. C'est pourquoi ils avaient demandé aux juges de la Table de marbre, dès l'année 1721, l'exclusion prononcée plus tard.

Ceux que l'on privait ainsi d'un droit exercé par tous les autres industriels n'étaient pas moins appelés à contribuer dans la dépense de l'entretien des ouvrages construits sur la Bièvre. Ils s'en plaignirent au Conseil d'État. Par suite du nouveau règlement, nous n'avons plus d'eau, disaient-ils, que lorsqu'il survient une inondation ou un débordement, et nous sommes obligés, les trois quarts de l'année, d'envoyer préparer nos cuirs à la Seine. Du moment que l'administration nous a enlevé la faculté d'être syndics, c'est que probablement elle a reconnu que nous ne jouissions plus des mêmes avantages qu'auparavant. Dans tous les cas, il est souverainement injuste de nous faire payer des travaux qui, loin de nous être utiles, se font, au contraire, à notre détriment, puisqu'ils ont pour effet de conserver à la rivière vive les eaux qu'elle reçoit, et d'empêcher qu'il ne s'en écoule une partie dans notre rivière. En conséquence, ils demandaient à être exonérés de la charge qui leur était imposée.

Il semble que leur réclamation était susceptible d'être prise en considération. Cependant, elle fut repoussée, purement et simplement, par un arrêt en date du 3 mars 1744.

Aussitôt après être élus, les syndics faisaient le serment de veiller attentivement à la conservation des eaux de la rivière et à ce qu'il ne s'y commît aucune contravention; ils promettaient d'exercer sur elle une sévère police, et d'observer et faire observer toutes les dispositions du règlement du 26 février 1732.

Ils devaient remplir gratuitement leurs fonctions et ne pouvaient plaider, tant en demandant qu'en défendant, pour quelle cause que ce fût, sans l'assentiment préalable des intéressés à la conservation des eaux; enfin, ils étaient tenus de renfermer tous les plans et papiers concernant la rivière, ainsi que les comptes rendus de leur gestion, en un coffre muni de trois serrures différentes dont chacun d'eux avait la clef, et qui était placé là où ils se réunissaient. Plus tard, on les obligea d'y verser le montant des recettes qu'ils effectuaient.

Par une ordonnance, en date 2 octobre 1754, le Grand Maître prescrivit de former désormais le syndicat de façon qu'un des anciens membres continuât à en faire partie et que, lorsqu'on procéderait à de nouvelles nominations, les intéressés seraient convoqués à la diligence des membres sortants, et non plus par les marguilliers de St-Médard. Il décida, en outre, que la liste de tous les intéressés demeurerait constamment affichée dans la salle des assemblées et que ceux qui, sans cause légitime, s'abstiendraient de répondre à l'appel qui leur aurait été fait, soit pour une élection, soit dans tout autre but, seraient condamnés à trois livres d'amende.

Non seulement, les syndics ne recevaient, comme nous l'avons dit, aucune rétribution pour s'acquitter de leur mandat, mais encore il leur fallait souvent faire, avec leurs propres deniers, des avances qui ne laissaient pas d'être considérables et dont le remboursement se faisait longtemps attendre[1]. Si même, l'un d'eux venait à décéder, étant en charge, ses héritiers étaient tenus, jusqu'à son remplacement, de contribuer dans ces avances. C'est du moins ce qui résulte d'un arrêt de juges de la Table de marbre, en date du 27 septembre 1678.

1. En 1679, un jugement de la Table de marbre constata que les premiers syndics étaient en avance d'une somme de 9,398 livres 14 sous, et que, de plus, ils devaient 11,260 livres 15 sous 3 deniers à leur procureur. Leurs successeurs mirent généralement peu d'empressement à produire leurs comptes, et les rôles de recouvrement qui intervinrent embrassèrent, presque toujours, les dépenses de plusieurs syndicats successifs. Ils montèrent, en 1763, jusqu'à 23,519 livres 2 sous 4 deniers. Comme les redevables obtenaient facilement la faculté de se libérer par annuités, il s'ensuivait que les syndics ne rentraient entièrement dans leurs déboursés qu'au bout d'un laps de temps très long.

Les syndics s'attiraient, en outre, des ennemis parmi leurs voisins, lorsqu'ils dénonçaient aux juges de répression ceux d'entre eux qui commettaient des contraventions, ou qu'ils poursuivaient trop vivement les redevables en retard de se libérer de leurs cotisations.

Enfin, ils étaient réprimandés, et même condamnés à une amende, s'ils négligeaient d'assister les officiers des Eaux et Forêts, lorsque ces derniers faisaient une descente sur les lieux ou procédaient à quelque opération qui intéressait le régime de la rivière [1].

Aussi, voyons-nous que, loin d'ambitionner cette marque de distinction, la plupart ne l'acceptaient qu'à leur corps défendant et qu'ils cherchaient à l'éluder, sous différents prétextes. S'ils la refusaient absolument ils n'étaient pas moins assujettis, ce qui semble dur, à certaines obligations inhérentes à la fonction qu'ils ne remplissaient pas. Une sentence de la maîtrise, en date du 6 août 1742, concernant un teinturier qui se trouvait dans la situation dont il s'agit, en fournit la preuve. Elle porte : « Disons que Chambonnet sera tenu, dans trois jours, pour
» tout délai, d'accepter la charge de syndic à laquelle il a été élu
» en la forme ordinaire et de prêter, par devant nous, le ser-
» ment en tel cas requis et accoutumé, sinon, à faute de ce faire
» dans le dit temps et iceluy passé, ordonnons que la place de
» syndic à laquelle il a été élu continuera d'être exercée par
» son prédécesseur, aux risques, périls et fortune dudit défail-
» lant et à ses frais et dépens; au profit duquel prédécesseur
» sera délivré exécutoire contre ledit défaillant, des sommes
» qu'il conviendra d'avancer pour l'exercice dudit syndicat,
» utilité, conservation et entretien de la rivière. »

---

1. Un syndic fut puni, le 17 janvier 1734, d'une amende de 100 livres pour ne pas s'être trouvé à une adjudication de curage.

En 1755, un mégissier, appelé Claude Frémin, qui avait déjà été syndic et qui venait d'être élu de nouveau, tandis que plusieurs de ses confrères ne l'avaient pas encore été, protesta contre sa nomination. Il invoquait les lois du *Digeste* qui mettaient l'inspection sur la conduite des eaux au nombre des charges publiques, et, comme le syndicat de la rivière de Bièvre était établi dans l'intérêt commun de différents industriels, il demandait que chacun d'eux partageât, tour à tour, les *incommodités* qui s'y trouvaient attachées. Il ajoutait que, par suite de sa première élection, il avait fait des avances considérables dont partie seulement lui avait été remboursée et qu'il était juste qu'il y rentrât entièrement avant d'en faire de nouvelles. Enfin, il appuyait sa réclamation sur ce que les empereurs romains avaient autrefois accordé des privilèges aux pères de famille qui élevaient plusieurs enfants. Il était, disait-il, dans ce cas, en ayant huit à sa charge. Malgré tous ses arguments, ce ne fut pas sans beaucoup de difficultés qu'il parvint à se faire remplacer.

Les syndics simultanément en charge étant toujours au nombre de trois, il était rationnel que chacun d'eux contribuât, pour un tiers, dans les déboursés qu'ils étaient obligés de faire, mais il en était rarement ainsi. Celui surtout qui représentait le corps des mégissiers était très souvent en retard d'acquitter son contingent et laissait à ses collègues le soin d'en fournir la plus grande partie [1]. Cette circonstance tenait probablement à ce que son métier était moins lucratif que celui de teinturier ou de tanneur. On trouve, en effet, qu'un mégissier qui venait

---

1. On avait constaté que, pendant la durée de cinq exercices, commençant, le premier, au mois de juillet 1746, et finissant, le dernier, au mois de juin 1756, les syndics des teinturiers avaient avancé 6,536 livres 3 sous 10 deniers; ceux des tanneurs, 9,166 livres 6 sous 4 deniers, et ceux des mégissiers 1,897 livres 12 sous 2 deniers seulement.

d'être nommé syndic, en 1754, s'excusa d'en remplir la fonction en alléguant qu'il était hors d'état, à raison de son petit commerce, de faire les avances qu'elle exigeait. Quoi qu'il en soit, les autres finirent par trouver mauvais que leurs cotisations fussent constamment supérieures à la sienne et, sur leurs réclamations, le Grand Maître ordonna, le 10 juillet 1759, que désormais le corps des mégissiers remettrait à son représentant les fonds nécessaires pour qu'il pût participer aux dépenses communes du syndicat dans la proportion du tiers. Il ne devait les rendre qu'après que les sommes imposées sur tous les intéressés auraient été recouvrées.

Le procureur du Roi établi près de la maîtrise de Paris n'était pas toujours en de très bons termes avec le Maître particulier. Celui-ci, qui n'assistait jamais aux assemblées dans lesquelles on procédait à la nomination des syndics, eut la fantaisie d'y venir un jour. Il était déjà sur son siège lorsque le procureur du Roi entra dans la salle et vint s'asseoir près de lui, mais le premier lui intima, d'un ton impérieux, l'ordre de se lever en lui disant qu'il occupait la place du lieutenant et comme l'autre cherchait à se justifier, il lui imposa plusieurs fois silence. Après avoir pris des témoins de ce qu'il regardait comme une insulte d'autant plus grave qu'elle était faite en public, le procureur du Roi se retira, et dressa procès-verbal de ce qui venait de se passer[1].

Dans les derniers temps, les syndics soumettaient, chaque année, à l'approbation du Grand-Maître, en conformité d'une ordonnance qu'il avait rendue, le 22 septembre 1770, un état des frais ordinaires de leur gestion divisé en deux chapitres

---

1. Cette scène scandaleuse eut lieu le 7 juillet 1779

comprenant : l'un, les dépenses auxquelles les intéressés devaient pourvoir, l'autre, celles qu'on avait coutume de payer sur le produit de la taxe des tonneaux de blanchisseuses. Cette espèce de budget s'établissait ainsi qu'il suit :

CHAPITRE I

	liv.	s.
Curage des parties de la rivière à la charge exclusive des intéressés..	1,100	»
Curage de l'égout de la rue Mouffetard...................	150	»
Au procureur chargé de la poursuite des affaires des intéressés..	200	»
Aux syndics, pour la visite annuelle du curage et leur tenir lieu de tous frais....................................	200	»
Au préposé chargé de recouvrer les sommes dues par les intéressés..	250	»
Pour la confection du rôle et frais accessoires............	121	12
	2,021	12

CHAPITRE II

	liv.	s.
Aux officiers de la maîtrise, pour la visite annuelle du curage..	224	»
Aux deux gardes, pour leurs gages et entretien de leur habillement..	1,050	»
Au préposé chargé de recouvrer la taxe imposée sur les tonneaux..	150	»
Pour la confection du rôle et frais accessoires............	36	16
	1,460	16

La même ordonnance disposait que le coffre à trois serrures qui, d'après le règlement de 1732, devait être placé dans la salle de St-Médard le serait à l'avenir chez un des syndics en charge, que les deux autres syndics en auraient chacun une clef et que le procureur du Roi, près de la maîtrise particulière, serait dépositaire de la troisième.

Néanmoins, les marguilliers de cette paroisse qui, depuis de longues années, restaient absolument étrangers à la nomination des syndics, voulurent cesser de leur ouvrir la propre salle de leurs délibérations chaque fois qu'il leur convenait de réunir leurs commettants. En conséquence, ils demandèrent au Conseil d'État, conjointement avec le curé, qu'on les affranchît d'une servitude qui n'avait plus sa raison d'être. Sur les observations présentées par ces derniers, un arrêt, en date du 25 mai 1779, décida que, par provision et sans préjudice du droit des parties, la servitude serait maintenue ; mais, les marguilliers ayant réitéré leurs réclamations, il intervint, le 4 juillet 1780, un second arrêt ordonnant que, dans le délai de six mois, les syndics seraient obligés de se procurer une salle autre que celle qui, jusqu'alors, avait été mise à leur disposition. Nous ne savons pas où ils se retirèrent, si toutefois l'injonction reçut son effet.

Nous avons donné les noms et professions des premiers syndics. Les derniers furent Antoine Moinery, propriétaire d'une manufacture de grand et bon teint, Jean Edme Huguet, maître et marchand tanneur et Antoine Poilleu, maître et marchand mégissier.

L'arrêt de réformation rendu provisoirement par les juges de la Table de marbre, le 26 octobre 1678, portait que, pour l'exécution des prescriptions qui y étaient contenues, les syndics établiraient, à leurs frais, deux gardes qui seraient reçus par le lieutenant général de cette Cour, et auquel ils feraient les rapports destinés à provoquer les jugements et ordonnances de police.

La mesure ne fut pas observée; seulement, en 1697, les principaux industriels du faubourg St-Marcel chargèrent de l'inspection de la rivière un nommé Jacques Lecoustre, bourgeois de Paris, et s'engagèrent à se cotiser pour lui assurer un traitement raisonnable ; mais, n'ayant pu s'entendre à ce sujet, le même officier dut intervenir pour les mettre d'accord et, par une ordonnance du 14 juillet 1699, il fixa ce traitement à la somme de 400 livres par an. Comme il y avait alors 34 tanneurs, 26 mégissiers et 4 teinturiers, il décida qu'elle serait payée jusqu'à concurrence de 200 livres par les premiers, de 120 par les seconds et de 80 par les derniers. La quote-part de chaque industriel variait d'ailleurs en raison de l'étendue du commerce qu'il faisait.

L'arrêt définitif que prononcèrent les juges de la Table de marbre, le 28 février 1716, supposant probablement que les gardes, dont l'établissement avait été prescrit dès l'année 1678, étaient alors en fonctions, se borna à ordonner que les rapports par lesquels ils constateraient les contraventions ne vaudraient qu'autant qu'ils auraient été dressés en présence de l'un des syndics assisté de deux habitants du faubourg St-Marcel, formalité qui dut restreindre singulièrement le nombre des procès-verbaux.

L'obligation de se faire seconder par deux sergents à garde, dans l'accomplissement de leur mandat, fut imposée de nouveau, aux syndics, par le règlement du 26 février 1732, et cette fois ne fut pas éludée. Ces gardes recevaient un traitement annuel de 400 livres, payable par trimestres, indépendamment de la part qui leur était attribuée dans les amendes. Ils portaient une bandoulière aux armes du Roi et résidaient l'un à Bièvres, l'autre à Paris. Le premier surveillait la partie supérieure de la rivière, jusqu'à Antony, l'inspection du second embrassait toute la partie inférieure. L'équipement complet de chacun d'eux revenait à environ 250 livres, on leur allouait, tous les ans, pour son entretien, une indemnité de 125 livres, néanmoins on le renouvelait très souvent.

Les gardes étaient commissionnés par le Grand Maître, sur la présentation des syndics, et ne pouvaient entrer en fonctions qu'après avoir prêté serment entre les mains du Maître particulier. En outre de leur fidélité et affection au service du Roi, ils devaient justifier, par témoins, qu'ils étaient de bonnes vie et mœurs et pratiquaient la religion catholique, apostolique et romaine.

On ne fut pas sans reprocher quelquefois à ces agents certains actes d'insubordination. Ainsi, l'article 17 du règlement de 1732 voulait que la vanne du déversoir du moulin de Croulebarbe ne fût ouverte que lors des curages; à cet effet, elle était fermée par une serrure à deux clefs dont l'une devait rester entre les mains de l'inspecteur de la maison royale des Gobelins et l'autre être remise à l'un des anciens syndics. Cependant, nous voyons, dans le procès-verbal d'une visite générale opérée en 1752, que le garde Houry s'était emparé de l'une de ces clefs et que, nonobstant les réclamations du meunier dudit moulin et de celui de St-Marcel, il s'en servait pour disposer arbitrairement des eaux de la rivière vive et n'avait d'ailleurs aucune déférence pour les syndics. Comme il assistait à la visite, le Grand Maître lui intima l'ordre de porter désormais honneur et respect à ces derniers, et lui enjoignit de restituer sur-le-champ, à qui de droit, la clef dont il s'était rendu indûment possesseur.

Il paraît aussi que les gardes n'étaient pas toujours exactement payés. L'un d'eux se plaignit même, en 1761, de ce que, malgré ses vives instances, il lui était dû cinq quartiers de son traitement. Le 14 avril, le Grand Maître ordonna que cet arriéré lui serait immédiatement remis par les syndics qui, à cet effet, en feraient l'avance, pour le montant en être compris parmi les dépenses à acquitter ultérieurement par la masse des intéressés à la conservation des eaux. En même temps, il prescrivit aux gardes de faire, à l'avenir, tous les trois mois, une visite générale de la rivière, chacun dans l'étendue de son canton, et que ce ne serait qu'après cette visite, sur le procès-verbal de laquelle le procureur du Roi apposerait son visa, que les syndics leur compteraient ce qui leur serait dû.

Plus tard, ceux-ci ne furent plus obligés de faire l'avance de leurs gages ; le payement en était imputé, comme on l'a vu plus haut, sur le produit de la taxe des tonneaux servant aux blanchisseuses, et dont le recouvrement s'effectuait ordinairement au mois de mars de chaque année.

On sait que lorsque les syndics visitaient la rivière de Bièvre, ils pouvaient exiger que les maisons riveraines leur fussent ouvertes, à peine de 100 livres d'amende. Une sentence de la maîtrise, en date du 11 avril 1763, déclara que les gardes jouissaient du même droit et que ladite peine était encourue par les propriétaires qui leur refusaient l'entrée de leurs jardins et enclos.

Les sergents à garde conservaient presque toujours leurs fonctions jusqu'à leur mort, aussi n'en compta-t-on qu'un petit nombre, sous l'ancien régime. Les deux premiers qui exercèrent simultanément portaient les noms de Michel Lemaistre et Claude Houry, et les deux derniers, ceux de Romain Paillard et Jean Baltet.

Celui-ci avait entrepris, en 1787, de curer, pour le compte des séminaires du St-Esprit et de St-Nicolas, les parties de la rivière situées dans leurs enclos. Comme il remettait continuellement à s'acquitter envers les ouvriers qu'il avait employés, une sentence de la maîtrise, en date du 1ᵉʳ octobre, lui enjoignit de leur payer immédiatement le prix dont ils étaient convenus et lui défendit de s'immiscer désormais dans aucune opération de curage, sous telle peine qu'il appartiendrait.

L'année suivante, on lui reprocha différents autres abus, notamment celui d'avoir détourné, à son profit, des tuyaux de plomb et de bois trouvés dans la rivière. Le Maître particulier se montra, à ce sujet, d'une bien grande sévérité ; le 7 mars 1788, il le condamna à 300 livres d'amende, le déclara incapable de remplir, à l'avenir, les fonctions de garde et lui intima l'ordre de remettre, sous huit jours, son habit d'ordonnance et sa bandoulière entre les mains des syndics qui furent invités à faire le nécessaire pour son remplacement.

Indépendamment des sergents à garde, le règlement de 1732 enjoignait au garde-marteau ainsi qu'au garde-pêche de la maîtrise de faire, de leur côté, de fréquentes visites le long du cours d'eau. Il devait être statué, conformément audit règlement et à l'ordonnance des Eaux et Forêts du mois d'août 1669, sur les contraventions qu'ils auraient relevées, mais il ne paraît pas que les syndics aient beaucoup utilisé le concours de ces autres agents.

Telles sont les mesures qui avaient été prises pour l'organisation et le fonctionnement du service de surveillance de la rivière de Bièvre avant la Révolution.

La conclusion à tirer des principaux faits que nous venons de rapporter est que ce service laissa constamment à désirer et que jamais le cours d'eau ne fut maintenu dans une situation satisfaisante. Il ne suffit pas de multiplier les règlements, l'essentiel est de les faire observer. Or, ce soin, comme on l'a vu, était exclusivement abandonné aux syndics qui, ayant déjà à diriger les affaires de leur commerce, ne pouvaient consacrer que bien peu de temps à l'exercice de leur mandat. D'ailleurs, il leur répugnait souvent de traduire eux-mêmes, devant le juge de répression, les auteurs des contraventions et cependant le ministère public prenait très rarement l'initiative à ce sujet. Il en résultait que les infractions aux prescriptions de l'autorité restaient presque toujours impunies. D'un autre côté, il faut bien le dire, la plupart de ces prescriptions portaient atteinte au droit naturel en faveur d'une catégorie de privilégiés ; on ne doit donc pas s'étonner si ceux qui avaient intérêt à ce qu'elles fussent éludées employassent tous les moyens possibles pour y parvenir.

On remarquera bientôt que l'état de choses ne s'améliora guère sous le nouveau régime.

DEUXIÈME PARTIE

§ Ier

Les archives du département de la Seine, que l'incendie de 1871 a malheureusement détruites, contenaient de nombreux documents qui attestaient que, malgré la tourmente révolutionnaire, l'administration, dans les commencements du nouveau régime, s'était beaucoup préoccupée de l'état fâcheux de la rivière de Bièvre, surtout dans sa partie inférieure, mais qu'elle avait peu fait pour l'améliorer, soit que des intérêts majeurs l'en eussent détournée, soit qu'elle n'eût pas été suffisamment armée pour faire exécuter ses prescriptions.

La série de ces documents, dont nous allons donner une courte analyse, s'ouvrait par un long mémoire du docteur Hallé, lu, le 30 août 1790, à la Société de médecine, mémoire qu'avait provoqué le Maire de Paris et dont une expédition, accompagnée d'un plan, lui avait été remise quelques jours auparavant. Après avoir décrit, avec un soin tout particulier, le cours de la Bièvre, depuis Gentilly jusqu'à son embouchure, et fait connaître les causes pour lesquelles la santé publique se trouvait compromise sur différents points de la traversée de Paris, le célèbre professeur indiquait les moyens d'y remédier. Deux des principaux, et auxquels on n'a eu recours que beaucoup plus tard, consistaient à paver ou daller le fond de la rivière et à déplacer, sinon supprimer, les moulins entremêlés parmi les manufactures. Les autres moyens, d'une exécution moins coûteuse, reçurent, en grande partie, une solution immédiate, mais le curage, dont l'imperfection était surtout signalée comme altérant la pureté de l'air, laissa longtemps à désirer.

On voit que, l'année suivante, les habitants de la Section du Finistère ou des Gobelins demandaient à la municipalité d'y faire procéder d'urgence, attendu que les immondices accumulées dans le lit de la rivière pouvaient, par leur infection, engendrer de graves maladies et nuisaient d'ailleurs considérablement aux industries qui usaient journellement de ses eaux. Ils ajoutaient qu'il leur semblait juste que la Commune prît à sa charge tout ou partie des frais de l'opération, à raison notamment des égouts et ruisseaux qui y affluaient. La pétition donna lieu à un rapport très remarquable présenté au corps municipal par le Bureau des travaux publics, le 6 septembre 1791. L'auteur combattait le préjugé qui attribuait aux eaux de la Bièvre une propriété particulière pour la teinture, puis, il faisait un rapide historique de ce cours d'eau et rappelait les règlements spéciaux dont il a été l'objet. Il critiquait vivement celui du 26 février 1732 qui, disait-il, avait été arraché à la faveur et en proposait l'abrogation pour s'en tenir aux règles du droit commun. En attendant, il concluait à ce que le curage demandé fût immédiatement exécuté, mais à la charge exclusive des habitants du faubourg St-Marcel, attendu qu'ils profitaient seuls des avantages que procurait le voisinage de la rivière.

Le 15 févrie* 1792, le corps municipal décida qu'on évaluerait la dépense à faire, que le montant en serait avancé par les propriétaires riverains, suivant les cotisations précédentes, et que les travaux seraient mis ensuite en adjudication. Ces mesures ayant été soumises à l'approbation du Directoire du département, celui-ci prit, le 17 novembre 1793, un arrêté portant, entre autres dispositions, que le curage s'étendrait *extra muros* et aurait lieu à la diligence et sous l'inspection des anciens syndics ou de ceux qui seraient nommés par l'assemblée générale de ladite Section. Les frais devaient en être supportés par les meuniers, les industriels et les riverains, d'après un certain mode de répartition. Mais cet arrêté n'eut aucun résultat.

Le commissaire de police de la même Section s'étant rendu l'interprète des plaintes que l'état de choses ne cessait de susciter, les administrateurs du Département proposèrent à l'autorité supérieure, le 21 fructidor an II, de faire procéder incessamment, dans la traversée de Paris, au curage laissé en souffrance, depuis cinq années, après toutefois que les intéressés auraient délibéré sur la manière dont il convenait de l'exécuter et consenti à en payer la dépense. L'affaire demeura encore sans solution.

C'est alors que quatre des principaux habitants du faubourg St-Marcel, qui avaient été chargés d'étudier d'où provenait le délabrement de la rivière et comment on pourrait y mettre fin, rendirent compte de leur mission, le 30 du même mois, dans un mémoire d'un style imagé, mais très passionné. Ils commençaient par faire valoir l'importance de la Bièvre, par suite du grand nombre de manufactures et d'usines situées dans ce faubourg et qui faisaient vivre près de 30,000 citoyens, sans compter

2,000 individus, employés dans la fabrique de toiles peintes de Jouy ; ils ajoutaient : « Ces établissements si précieux et qui
» méritent toute la sollicitude du Gouvernement, sont infiniment
» éloignés de la perfection dont ils sont susceptibles. Il leur
» faudrait une eau limpide et détersive, dont le cours rapide
» *coalisé*, pour ainsi dire, avec les besoins de la République,
» imprimât une activité *révolutionnaire* tant aux rouages des
» moulins, qu'aux ouvriers des fabriques, et entrainât promp-
» tement les matières hétérogènes qui altèrent la salubrité de
» l'air ; tandis que la rivière ne présente qu'une eau fangeuse et
» dormante dont l'œil le plus clairvoyant peut à peine aperce-
» voir le cours. »

Son délabrement tenait, suivant eux, à diverses causes qu'il serait trop long de rappeler ici. Nous dirons seulement que, indépendamment du défaut de curage et de la mauvaise condition des berges, ils citaient principalement les abus commis par les gens *à vieux parchemins* qui s'en étaient approprié les eaux pour en faire des objets d'agrément et de plaisir. Comme exemple, ils revenaient sur l'affaire La Martinière dont nous avons longuement parlé dans la première partie de cet ouvrage. Nous répéterons que l'impression qui en était résultée avait été bien profonde, puisqu'elle n'était pas encore effacée au bout de près d'un demi-siècle.

Afin d'assurer la limpidité de l'eau, lorsque le curage aurait été opéré, ces commissaires étaient d'avis de détourner de la rivière les deux égouts de la rue Mouffetard ; et, pour augmenter son volume, de supprimer l'étang du Val, de même que tous les bassins existants dans des propriétés particulières, puis, de déverser, dans son lit, une partie du contenu des étangs de Versailles.

Le moment de recourir à ce dernier expédient était d'autant plus opportun que, depuis la chute de la royauté, le palais, pour le service duquel on les avait créés, était inhabité et qu'on n'y faisait plus venir d'eaux jaillissantes.

Les mesures proposées méritaient de fixer l'attention de l'administration supérieure, aussi le mémoire fut-il imprimé et envoyé à la Convention nationale, pour qu'elle en assurât l'exécution, mais la suite nous apprend qu'elle n'en fit rien.

Cependant, la déplorable situation de la Bièvre continuant à soulever de nombreuses réclamations, l'administration centrale de la Seine prit, le 13 vendémiaire an IV, un nouvel arrêté ordonnant son curage là où il était le plus urgent. Bien que le travail n'ait été exécuté qu'en partie, il occasionna une dépense de 92,115 livres dont le Département fit l'avance. Cette somme semblerait énorme si l'on ne savait qu'elle avait été payée en assignats et que ce papier-monnaie était alors très déprécié.

Il paraît que les boues et immondices qu'on avait retirées de la rivière étaient restées sur ses bords et que les pluies de l'hiver les avaient entraînées dans son lit, en sorte qu'elle se trouvait aussi encombrée qu'auparavant. Sur l'invitation du Ministre de l'Intérieur, l'administration de la Seine résolut, encore une fois, de faire cesser les plaintes auxquelles l'état de choses donnait toujours lieu. Il intervint alors, le 24 fructidor an IV, un quatrième arrêté portant que la Bièvre et ses affluents seraient incessamment curés dans toute l'étendue du Département, conformément aux prescriptions des anciens règlements et sous la direction de l'ingénieur de l'arrondissement du sud. L'opération était confiée à l'un des signataires du mémoire mentionné ci-dessus, le C^{en} Baltet, que les intéressés avaient choisi à cet effet. Ces mêmes intéressés devaient présenter à l'approbation de l'autorité la nomination de trois d'entre eux qui auraient eu à suivre les travaux et à en répartir la dépense. Les municipalités, tant du canton de Paris que des cantons suburbains, étaient spécialement chargées de l'exercice de la police sur les parties du cours d'eau traversant leurs territoires respectifs et de poursuivre les contrevenants devant tous juges compétents. Enfin, le Ministre de l'Intérieur était prié de prendre les mesures les plus promptes pour que les mêmes dispositions fussent observées dans le département de Seine-et-Oise.

Ce Baltet avait été employé, avant la Révolution, en qualité de sergent à garde de la rivière. Nous avons vu que sa conduite peu correcte lui avait attiré une réprimande et, bientôt après, sa révocation. Au lieu de se tenir à l'écart, comme il aurait peut-être dû le faire, il se mit, au contraire, en évidence, prit sur lui de convoquer les intéressés, afin qu'ils se concertassent pour l'exécution de l'arrêté et présida lui-même l'assemblée. Un certain nombre répondirent à son appel. Après lui avoir conféré le titre d'inspecteur général de la Bièvre, avec un traitement de 1,200 livres en numéraire, ils élirent les trois commissaires qui devaient remplir une partie des fonctions dévolues autrefois aux syndics et les autorisèrent à s'adjoindre un collecteur qui recevrait aussi 1,200 livres de traitement. Ils allouèrent, en outre, une indemnité de 600 livres à l'ingénieur des Ponts et Chaussées qui les accompagnerait dans leurs visites.

Le département de la Seine homologua leur délibération, sans observations, le 9 frimaire an V. Ses dispositions reçurent également l'assentiment de l'administration centrale de Seine-et-Oise; mais, peu de jours après, quelques-uns des intéressés, qui s'étaient abstenus de venir à l'assemblée, exhumèrent les sentences de la maîtrise rendues, en 1787 et 1788, contre Baltet et le contraignirent à donner sa démission. Ils obtinrent même que la délibération fût considérée comme non avenue, à raison de son irrégularité, ayant été prise hors de la présence d'une autorité constituée. Il en résulta que le curage qui avait déjà été entrepris vers la partie supérieure de la rivière ne fut pas continué.

Dans une nouvelle réunion, présidée cette fois par un membre de la municipalité du XII⁰ arrondissement et dont la délibération fut encore sanctionnée par l'administration centrale, le 4 fructidor an V, on arrêta que deux commissaires domiciliés, l'un à Paris, l'autre à la campagne, qui seraient secondés par un garde-inspecteur et n'exerceraient que dans le département de la Seine, tiendraient la main à l'exécution des règlements concernant l'entretien et la police du cours d'eau ; que le département de Seine-et-Oise serait invité à prendre des mesures analogues pour ce qui la concernait ; que les riverains feraient opérer le curage, chacun en droit soi, aux époques déterminées par l'administration, sinon qu'il y serait procédé d'office, et que le traitement du garde-inspecteur, fixé à 1,200 livres, serait, ainsi que toutes les autres dépenses légitimes, supporté par ces mêmes riverains, en proportion de l'étendue de leurs propriétés, d'après les rôles dressés par les commissaires et vérifiés par les autorités municipales.

Séance tenante, le C⁽ᵉⁿ⁾ de Rubigny, tanneur à Paris[1], et le C⁽ᵉⁿ⁾ Dedouvre, propriétaire à Gentilly, furent nommés commissaires ; on leur adjoignit, en qualité de garde-inspecteur, un ancien préposé à la police du nom de Jacques Rivaud.

S'il faut en croire le rapport d'un des administrateurs du XII⁰ arrondissement, on fut loin de retirer de cette autre orga-

---

1. C'est ce même tanneur qui, avant la Révolution, avait commis des contraventions au sujet desquelles était intervenu un arrêt du Conseil. Il prétendait avoir été renfermé à la Bastille et s'attribuait le mérite d'avoir ouvert la première église dans Paris, St-Médard. Il a publié, dans un style diffus, plusieurs brochures traitant de questions économiques aussi mal exposées que mal résolues.

nisation les avantages que l'on s'était promis ; les commissaires négligeaient complètement le soin de la rivière, ils étaient antipathiques au garde-inspecteur, qui d'ailleurs ne s'était pas fait reconnaître par les municipalités rurales, et ne s'occupaient nullement de lui faire payer ses gages ; l'un d'eux, au lieu de veiller à l'exécution des règlements, avait été le premier à les enfreindre, en sorte que le plus grand désordre régnait dans la traversée de Paris.

Les intéressés furent convoqués pour aviser sur ce qu'il y avait à faire dans cette conjoncture. Bien qu'un petit nombre se rendît à la réunion, ils décidèrent que les deux commissaires seraient immédiatement remplacés par d'autres et maintinrent le garde-inspecteur en fonctions. Ceux des usiniers et propriétaires riverains qui se trouvaient présents s'engagèrent, tant en leur nom qu'en celui des absents, à curer par eux-mêmes ou à payer un certain prix à forfait pour leur part contributive. De leur côté, les détenteurs de tonneaux se soumirent à acquitter les taxes qui leur avaient été anciennement imposées.

Les nouveaux commissaires étaient, pour Paris, un autre tanneur, du nom de Jean-Edme Huguet, et, pour la campagne, le C[en] Buhot, meunier à Berny. La délibération ayant reçu l'approbation de l'administration centrale, le 6 thermidor an VI, celle-ci fit afficher un arrêté qui fixait les époques où le curage serait effectué et portait que, lorsqu'il y aurait lieu d'y procéder d'office, les commissaires en avanceraient les frais, sauf leur recours contre qui de droit. Enfin, sur la proposition de ces derniers, elle approuva un marché passé avec un entrepreneur, pour l'exécution des parties qui seraient laissées en souffrance.

Toutes ces mesures n'eurent qu'un médiocre succès ; les intéressés qui n'avaient pas assisté aux assemblées refusèrent de ratifier les engagements pris en leur nom et d'acquitter les cotisations qui leur étaient réclamées. Cités devant la justice de paix, par le commissaire du Gouvernement près de la municipalité du XII° arrondissement, ils alléguèrent, entre autres raisons de leur refus, que, d'après la Constitution récemment promulguée, on ne pouvait exiger d'eux le payement d'aucune taxe, sans une loi spéciale; que si le curage de la Bièvre importait aux industriels du faubourg St-Marcel, l'utilité de cette rivière rejaillissait sur toutes les branches du commerce de Paris; que, d'ailleurs, recevant les eaux de plusieurs quartiers, elle devait être considérée comme un égout public et entretenue, en conséquence, aux frais de la Commune, conformément à la loi du 11 frimaire an VII. Le tribunal ne se sentant pas suffisamment édifié, demanda qu'il en fût référé au C°ⁿ Abrial, alors Ministre de la Justice.

Nous passons sous silence, comme dénué maintenant d'intérêt, un long *factum* imprimé contenant, en termes peu respectueux pour les administrateurs, tant du Département que de la municipalité, les moyens de défenses des opposants; nous en faisons autant de la réplique du commissaire du Gouvernement.

Le Ministre décida, le 16 pluviôse an VIII, que l'instance avait été mal engagée, puisqu'il s'agissait d'obtenir le payement de sommes dont le montant excédait la compétence du juge de paix. Il pensait, en outre, que l'entretien d'une rivière ne devait pas être rangé parmi les dépenses départementales ou communales définies par la loi du 11 frimaire an VII; que l'arrêt de 1732, qui avait mis les frais du curage de la Bièvre à la charge des riverains et des manufacturiers qui, par l'usage qu'ils font de ses eaux, contribuent à en altérer la pureté et à en embarrasser le cours, était parfaitement justifié, et que, tant que cet arrêt n'aurait pas été abrogé par une disposition nouvelle, il devait recevoir son exécution. Par le même motif, une loi ne lui paraissait pas nécessaire pour autoriser la levée des cotisations. Enfin, il ajoutait que, dans l'espèce, le tribunal civil du Département était seul compétent et que les condamnations devaient être prononcées au profit de l'entrepreneur qui avait exécuté les travaux ; mais que, celui-ci ayant agi de concert avec l'autorité administrative et dû compter sur sa garantie, l'action devait être introduite à la requête du commissaire du Gouvernement près de l'administration centrale du Département.

Le juge de paix, à qui ces observations furent communiquées, se déclara, dès lors, incompétent et renvoya les parties à se pourvoir devant qui il appartenait.

Pendant que s'agitaient tous ces débats, le C^{en} Le Tourneux, qui dirigeait le Ministère de l'Intérieur, s'étant rendu compte de l'arrêt du Conseil de 1732, considéré comme faisant loi à l'égard de la Bièvre, et en vertu duquel sortit, plus tard, la décision que nous venons de rappeler, écrivit, le 12 floréal an VI, aux administrateurs des départements de la Seine et de Seine-et-Oise, que, sous plusieurs rapports, cette loi lui paraissait peu compatible avec les principes de justice et d'égalité qui font la base d'un gouvernement républicain. « J'ai vu notamment, disait-il, qu'elle
» mettait en opposition d'intérêts les riverains de la partie
» inférieure de la rivière, à qui elle assure la transmission de
» la totalité des eaux, avec les riverains de la partie supérieure,
» à qui elle interdit l'usage le plus innocent et le plus naturel
» de ces mêmes eaux. Ce qui surtout a fixé mon attention,
» ajoutait-il, ce sont les servitudes et obligations qu'elle impose
» à ces derniers, pour le service et l'avantage des premiers,
» obligations nombreuses, exorbitantes du droit commun et
» qu'une indispensable nécessité pourrait seule justifier. »

Il invitait, en conséquence, ces administrateurs à lui faire part de leurs observations et de leurs vues tant sur la convenance de maintenir ou de rapporter les mesures exceptionnelles qu'il signalait, que sur les meilleurs moyens de pourvoir à la surveillance qu'exige la conservation de ce cours d'eau, et d'éviter, autant que possible, les difficultés auxquelles la répartition et la perception des frais annuels de curage et d'entretien avaient souvent donné lieu.

On s'occupa, très activement, de remplir les intentions du Ministre. Une commission composée d'un membre de l'administration centrale du département de la Seine, de l'inspecteur général des carrières[1] et de l'ingénieur des Ponts et Chaussées de l'arrondissement du sud, élabora, avec soin, et en tenant compte des critiques qu'il avait formulées, le projet d'un règlement destiné à remplacer celui de 1732. Ce projet, qu'il serait trop long de rapporter ici, était aussi précédé d'un historique de la Bièvre et donnait une analyse de la nouvelle législation relative aux petits cours d'eau. Il avait été concerté avec le département de Seine-et-Oise et disposait que les riverains des parties supérieures de la rivière pourraient à l'avenir faire de ses eaux tel usage qui leur conviendrait, sans être tenus à autre chose qu'à la maintenir en bon état, afin qu'elles ne s'épanchassent pas hors de son lit et pussent reprendre leur cours naturel.

Si quelqu'un d'entre eux voulait les détourner, dans le but de les appliquer à des objets d'agrément, il devait en demander l'autorisation et se conformer aux conditions qui lui seraient prescrites pour qu'elles ne fussent absorbées, que le moins possible, par l'évaporation ou l'infiltration et se rendissent, sans interruption, aux parties inférieures.

---

1. Cet inspecteur, nommé Guillaumot, était en même temps, directeur de la manufacture nationale des Gobelins.

L'administration générale de la rivière était respectivement dévolue aux autorités siégeant à Paris et à Versailles; un inspecteur nommé, dans chaque département, et ayant sous ses ordres un certain nombre de gardes, devait exercer la police de conservation, poursuivre directement les auteurs des contraventions et préparer la répartition des dépenses; deux commissaires choisis parmi les intéressés en auraient arrêté les rôles et dirigé l'emploi des fonds.

Il était urgent de statuer sur les mesures proposées. Il résulte, en effet, d'une visite officielle faite dans le département de la Seine, le 8 vendémiaire an VIII, en descendant depuis Gentilly jusqu'à l'embouchure de la rivière, que, malgré des ordres récemment donnés, le curage en avait été imparfaitement exécuté et que des contraventions de toute nature s'étaient considérablement multipliées.

Cependant, comme rien n'annonçait que le Ministre de l'Intérieur s'occupât d'en référer au Gouvernement, le magistrat qui, en vertu de la nouvelle organisation administrative, dirigeait, sous le titre de Préfet, le département de Seine-et-Oise, s'inspirant des dispositions projetées, prit, au mois de messidor suivant, un arrêté ordonnant que le curage aurait prochainement lieu, pour la partie qui le concernait. Son collègue en fit autant, pour l'autre partie, le 4 fructidor, sur les instances réitérées du maire du XIIe arrondissement.

Si leurs prescriptions reçurent un commencement d'exécution, ce qui n'apparaît pas, on dut nécessairement suspendre les travaux, lorsque intervint enfin l'arrêté des Consuls du 25 vendémiaire an IX.

Avant d'aller plus avant, nous ferons remarquer que les détails, peut-être un peu fastidieux, qui précèdent montrent que, malgré le triste état que, sous plusieurs rapports, présentait continuellement la rivière de Bièvre, l'administration se contentait d'en ordonner, de temps en temps, le curage et que même elle ne l'obtenait pas toujours. Cette opération était sans doute fort utile, mais elle ne constituait qu'une faible partie des améliorations sollicitées, avec tant de raison, dans l'intérêt de la salubrité publique et des nombreuses industries alimentées par ce cours d'eau. C'est de nos jours seulement, ainsi que nous le verrons plus loin, qu'on est entré résolument dans une autre voie.

Revenons à l'arrêté du 25 vendémiaire. Nous n'en mentionnerons pas les termes, attendu qu'il a été inséré au *Bulletin des lois* et qu'on le trouve dans le *Recueil des règlements sur l'assainissement de Paris*. Lorsqu'il en présenta le projet aux Consuls, le 24 fructidor an VIII, le C^{en} Lucien Bonaparte, alors Ministre de l'Intérieur, y joignit un rapport dans lequel il cherchait à en justifier les dispositions. Il est bien regrettable que ce rapport, qui revêt un caractère officiel, contienne plusieurs inexactitudes. On y lit, par exemple, que la Bièvre prend sa source à Buc, tandis qu'elle a, comme on sait, son origine plus d'une lieue au-dessus de ce village.

On y lit aussi que, lorsque certains établissements obligés de sortir du centre de Paris s'en allèrent au faubourg St-Marcel, l'on fit un règlement particulier, celui du 22 février 1732, pour assurer la conservation de ses eaux. Nous avons vu, dans la première partie de cette notice, que l'émigration s'était effectuée en 1673. On aurait donc attendu 60 ans pour faire le règlement dont il s'agit.

Le rapport dit encore que la levée des sommes nécessaires pour la police de la rivière avait été prescrite par un arrêt du Conseil du 5 décembre 1741. La simple lecture de cet arrêt, que nous avons cité, page 73, apprend qu'il n'avait fait qu'enlever au parlement, pour le transmettre au Conseil d'État, le droit de juger les pourvois formés contre les ordonnances du Grand Maître des Eaux et Forêts.

Selon le même rapport, les commissaires institués en vertu de l'acte du 24 fructidor an IV auraient spontanément donné leur démission, surtout à cause du refus qui leur aurait été fait d'une avance de fonds. Nous avons rappelé, au contraire, que leur nomination avait été annulée comme entachée d'irrégularité, après quelques jours d'exercice seulement.

Enfin, toujours suivant le même rapport, les doutes sur la légalité de la perception des taxes seraient venus de la municipalité du XII° arrondissement et c'est au Ministre de l'Intérieur que le Département en aurait référé, tandis que l'objection, nous l'avons vu, avait été soulevée par les contribuables devant le juge de paix et que celui-ci n'ayant pas cru devoir la résoudre avait demandé qu'on la portât devant le Ministre de la Justice.

Lucien Bonaparte trouvait très sages la plupart des dispositions de l'arrêt de 1732. Il est vrai que, comme l'un de ses prédécesseurs, il ne se dissimulait pas qu'elles ne fussent, en partie, dérogatoires au droit commun ; mais c'était, disait-il, le cas d'appliquer le principe qui veut que l'intérêt particulier le cède à l'intérêt général, et un petit nombre de propriétaires ne peut l'emporter sur l'immense population qui ne vit que du travail que les eaux de la Bièvre lui procurent. En conséquence, il faisait remarquer que les seules modifications introduites dans la législation de cette rivière, par le nouveau règlement, consistaient à en retirer la police aux intéressés, ainsi que le droit de répartir les contributions que son entretien exige, pour en charger les Préfets des deux départements dont elle arrose le territoire.

Il ne pensait donc pas que le Préfet de police, bien qu'étant en fonctions depuis six mois, dût avoir une part quelconque dans son administration. Ce n'est que lorsque l'arrêté fut délibéré en Conseil d'État que l'omission, si c'en était une, fut réparée.

Les articles 3 et suivants de ce règlement prêtent beaucoup à la critique. Ils sont, en effet, libellés de manière qu'il semblerait que les particuliers, désignés sous la dénomination d'intéressés, dussent avoir désormais à leur charge, non seulement les frais d'entretien de la rivière, ainsi que ceux qu'entraîne la conservation des eaux, mais encore la dépense du curage proprement dit, au lieu et place des simples riverains. Telle était du moins, comme on le verra ultérieurement, l'opinion, en 1806, du Préfet de Seine-et-Oise et, en 1870, celle d'un des principaux contribuables.

En outre, les dépenses d'utilité générale n'étaient réparties autrefois, sur les intéressés, qu'après l'exécution des ouvrages, tandis que l'article 6 donne à entendre que la répartition devrait maintenant précéder cette exécution, mesure dont l'observation serait presque toujours impraticable.

Enfin, en disposant que les propriétés nationales seraient soumises à la répartition, on se demande si l'article 8 a voulu parler simplement des frais de curage, ou si, ce qui serait tout à fait insolite, ces propriétés doivent contribuer dans les dépenses communes mises à la charge des industriels qui emploient les eaux de la rivière à l'exercice de leur profession.

Nous ne pousserons pas plus loin nos observations et nous allons exposer comment la Bièvre fut administrée, sous l'empire de ce même règlement, en commençant par sa partie supérieure.

§ II

Depuis la Révolution, la Bièvre n'avait été l'objet d'aucuns travaux d'entretien, dans Seine-et-Oise, en sorte qu'elle s'y trouvait très encombrée quand parut l'arrêté consulaire du 25 vendémiaire an IX. On procéda à son curage, l'année suivante, d'une manière aussi complète que possible. Quelques riverains, se conformant à l'invitation qui leur avait été adressée, exécutèrent, par eux-mêmes, les parties qui les concernaient, le surplus fit l'objet d'adjudications passées aux mairies des communes que cette rivière traverse. Les dépenses de l'ensemble de l'opération furent considérables; elles s'élevèrent, en effet, à près de 26,000 francs, y compris quelques ouvrages d'art et les honoraires des ingénieurs qui avaient préparé les devis.

Le Préfet divisa lui-même ces dépenses en deux catégories. Il mit celles de la première à la charge de son département, pour être supportées, dans de certaines proportions qu'il se réservait de déterminer, par les meuniers, les manufacturiers, le domaine, les communes et un petit nombre de riverains. L'autre catégorie se composait des dépenses qui, suivant lui, étaient afférentes au département de la Seine et devaient être payées par les intéressés à la conservation des eaux, résidant à Paris; elles montaient à 12,418 fr. 25.

Le Préfet de police se récria contre l'énormité de cette somme; elle lui paraissait d'ailleurs d'un recouvrement difficile, aussi ne s'empressa-t-il pas d'en faire faire la répartition.

Le curage des années suivantes ayant eu lieu avec plus d'économie, le Préfet de Seine-et-Oise ne demanda aux mêmes intéressés que 6,062 fr. 39, pour celui de l'an XI, et que 3,000 francs, pour celui de l'an XII. Ce n'était pas moins une contribution totale de 21,480 fr. 64 qu'ils auraient eue à payer.

Il faut croire que les estimations qui avaient servi de base aux adjudications étaient très exagérées, puisque, malgré le fort rabais qu'elles avaient subi, par suite des offres des entrepreneurs, ceux-ci consentirent à une réduction de 9,000 francs sur le montant de leurs mémoires. Le Préfet de Seine-et-Oise en fit profiter les intéressés de Paris; leur part contributive ne fut plus en conséquence que de 12,480 fr. 64.

Le Préfet de police ne laissa pas que de la trouver encore très forte, et refusa de l'accepter. Après de longs et infructueux débats, la contestation fut portée devant le Ministre de l'Intérieur, alors M. Champagny. Là, le Préfet de Seine-et-Oise prétendit que les articles 3 et 5 de l'arrêté du 25 vendémiaire avaient fait cesser l'effet des articles 40 et 41 de l'arrêt de 1732, que, dès lors, les intéressés de Paris devaient, en vertu des dispositions nouvelles, subvenir aux frais du curage de toute la rivière, en raison du degré d'utilité qu'ils retiraient de ses eaux. Le Préfet de police soutenait, au contraire, que l'arrêté de vendémiaire n'avait rien innové, quant au mode d'imputation des dépenses, et que tout ce que le département de Seine-et-Oise pouvait exiger des intéressés de Paris était qu'ils supportassent, comme autrefois, la charge de la mise en bon état du ruisseau de conduite et des affluents situés dans le grand parc de Versailles, charge qui ne devait probablement pas occasionner une dépense de plus de 600 francs par an.

Le Ministre décida, le 5 décembre 1806, qu'il partageait entièrement cet avis. Cependant, prenant en considération quelques observations que lui avait soumises le Préfet de Seine-et-Oise, il proposa un moyen de conciliation qui consistait à ne réclamer des intéressés de Paris que la moitié de la somme litigieuse et à faire payer le reste par ceux de l'autre département, le tout sans tirer à conséquence pour l'avenir.

Les deux Préfets, ne voulant pas lui déplaire, acquiescèrent à cet arrangement, bien que trouvant qu'il lésait leurs administrés respectifs.

Une nouvelle difficulté vint suspendre la solution de l'affaire ; on prétendit que ce serait donner une fausse interprétation à la décision ministérielle que de répartir uniquement sur les manufacturiers et usiniers du faubourg St-Marcel la somme définitivement imposée ; qu'on avait toujours compris, sous le nom d'intéressés, quelle que fût leur résidence, tous les particuliers qui exerçaient une industrie pour laquelle ils usaient des eaux de la rivière ; que si le plus grand nombre demeurait à Paris, ce n'était pas une raison de faire une exception en faveur de ceux qui habitaient *extra muros* et même dans le département de Seine-et-Oise ; qu'autrement on ne voyait pas pourquoi l'arrêté de l'an IX voulait que l'on remît aux commissaires-répartiteurs un état des intéressés qui résidaient dans toutes les communes où passe le cours d'eau, ni pourquoi il prescrivait de choisir ces mêmes commissaires dans les deux départements [1].

Ces observations ayant été trouvées fondées, on y eut égard, lors de la confection des rôles. Ceux-ci, après plusieurs remises dues, tantôt à l'absence, tantôt à la maladie de quelque répartiteur, furent enfin arrêtés, en 1809, et reçurent immé-

---

[1]. Les commissaires-répartiteurs étaient alors MM. Joseph Salleron, tanneur, rue de Lourcine ; Cauchy, secrétaire-archiviste du Sénat et Try, substitut du procureur impérial, près de la Cour d'appel de Paris, propriétaires, l'un à Arcueil, l'autre à Bièvres.

diatement l'approbation de l'un et de l'autre Préfet. Ils s'élevèrent, par suite de quelques légères rectifications faites aux états primitifs des dépenses, à la somme de 6,745 fr. 37 ; mais leur recouvrement éprouva une telle résistance qu'il n'était pas encore achevé en 1813. Les entrepreneurs restèrent ainsi près de douze ans avant de toucher le solde intégral de leurs travaux, tant les affaires de la Bièvre traînaient en longueur sous le nouveau régime comme sous l'ancien.

Quant au surplus de la somme litigieuse, de même que toutes les dépenses faites dans Seine-et-Oise, pour l'entretien de cette rivière, la répartition en fut opérée par le Préfet de ce département, sur les propositions des ingénieurs, attendu qu'il considérait, à tort ou à raison, l'article 4 de l'arrêté consulaire comme ne leur étant pas applicable.

Aussitôt, comme nous le disons plus loin, que l'administration de la Bièvre eût été attribuée au Préfet de police, dans tout le département de la Seine, on y désigna, sous le nom de dépenses périodiques, celles du curage proprement dit et auxquelles les meuniers et propriétaires riverains avaient exclusivement à pourvoir. Les dépenses concernant la consolidation des berges, la construction ou la réparation des ouvrages d'art, les frais d'impressions et de levés de plans, le traitement de l'inspecteur et du garde de la rivière, l'enlèvement des vases sous les ponts et le long des voies publiques, en un mot, celles qui profitaient à tous, prirent le nom de dépenses accidentelles et communes et furent réparties sur les intéressés à la conservation des eaux. Ceux du département de Seine-et-Oise y contribuèrent, dans les commencements, et leur contingent fut fixé, pour l'an IX, à la somme de 1,099 fr. 15 qu'ils acquittèrent sans observations.

On resta ensuite plusieurs années, on ne sait pourquoi, sans continuer de les appeler à y participer; mais on se ravisa, plus tard, et ils furent compris, de nouveau, dans les rôles de répartition[1].

Ce mode de procéder durait depuis longtemps, lorsqu'ils prétendirent qu'il était injuste de les astreindre à contribuer dans des dépenses, bien que d'utilité générale, faites hors du lieu de leur résidence, puisqu'on ne demandait plus aux intéressés du département de la Seine de prendre part aux dépenses de même nature qui s'effectuaient en Seine-et-Oise.

La somme dont ils sollicitaient le dégrèvement s'appliquait aux exercices 1824, 1825 et 1826 et montait à 1,825 fr. 24.

Le conseil de préfecture de Seine-et-Oise fut saisi de leurs réclamations et, dans un jugement préparatoire du 26 octobre 1829, déclara qu'elles paraissaient fondées. Le Préfet de police, qui était d'un avis contraire, proposa au Ministre de l'Intérieur, alors le baron Montbel, d'en appeler au Conseil d'État, mais ce fonctionnaire lui répondit, le 22 mars 1830, que « si l'on exa-
» mine avec attention, l'ensemble de l'arrêté du 25 vendémiaire
» an IX, il ne paraîtra pas douteux qu'il n'ait eu uniquement pour
» objet de mettre les mesures relatives à la police et à la surveil-
» lance de la rivière en harmonie avec les changements survenus
» dans le personnel de l'administration, et qu'il n'ait maintenu
» les anciens règlements, dans tout ce qui n'était point con-
» traire aux nouvelles mesures qu'il prescrivait, à ce sujet.
» Rien, dans cet arrêté, ajoutait-il, ne fait entendre que les
» dépenses aient été généralisées et rejetées indistinctement
» sur tous les riverains, quelle que fût la partie de la rivière où

---

1. Les nouveaux commissaires-répartiteurs étaient : MM. Lepeschcur, propriétaire d'un vaste établissement de blanchissage, boulevard des Gobelins; Buhot, meunier à Berny et Collet, meunier à Vauboyen. On comptait, dans Seine-et-Oise, treize intéressés à la conservation des eaux, savoir : onze meuniers et deux fabricants de toiles peintes.

» elles auraient lieu. Les expressions de l'article 3 ne permet-
» tent pas, au contraire, de douter que les règles précédem-
» ment établies à cet égard n'aient été pleinement confirmées. »

Il reconnaissait, en conséquence, que le conseil de préfecture, avait bien jugé et il invitait le Préfet de police à donner des ordres pour que la séparation des régions et des dépenses, établie par les articles 40 et 41 de l'arrêt de 1732, fût exactement observée à l'avenir. Il lui semblait d'ailleurs que cette séparation n'était pas un obstacle à ce que les réparations fussent faites conformément aux prescriptions des articles 4 et 5 de l'arrêté de l'an IX, dont il sera facile, disait-il, de concilier l'exécution avec les dispositions de cet arrêt.

On aurait pu opposer à cette doctrine l'opinion contraire qui avait prévalu, quelques années auparavant, alors qu'il était question de répartir certaines dépenses effectuées en Seine-et-Oise.

Quoi qu'il en soit, le Préfet de police prit, le 7 mai 1830, un arrêté accordant le dégrèvement réclamé et portant que désormais il serait fait droit à la demande du Ministre. Il enjoignit, en outre, à l'inspecteur de la Bièvre de signaler, chaque année, les travaux reconnus nécessaires pour la conservation des eaux dans la partie supérieure de la rivière, afin que le Préfet de Seine-et-Oise fût invité à les faire exécuter aux frais des intéressés de son département; mesure assez insolite et qui ne paraît pas avoir été suivie d'effet.

Nous, ajouterons que ce dernier cessa, à partir de ce moment, de nommer un commissaire pour la répartition des dépenses communes que la surveillance et l'entretien de la partie inférieure du cours d'eau exigeaient annuellement : dès lors, le nombre de ces commissaires se trouva réduit à deux.

Cependant, cet administrateur, considérant que les anciens

règlements concernant la rivière de Bièvre étaient tombés en désuétude, dans son département, et contenaient d'ailleurs des dispositions peu en rapport tant avec la législation actuelle qu'avec les instructions ministérielles concernant la police des petits cours d'eau, avait, dès l'année 1825, présenté à l'autorité supérieure le projet d'un nouveau règlement exclusivement applicable à Seine-et-Oise. Comme ce projet soulevait différentes questions dont le Ministre de l'Intérieur désirait avoir la solution, il fut, avant qu'on y donnât suite, communiqué, dans ce but, au Préfet de police. Celui-ci voulant être éclairé lui-même sur son mérite, consulta, à ce sujet, l'ingénieur qui dirigeait alors le service des Eaux de Paris et qui faisait partie du conseil de salubrité. Ce dernier s'étant fait remettre le nivellement de la partie supérieure de la rivière jugea convenable de faire opérer, sous son inspection, le nivellement de la partie inférieure, pour ne faire ensuite qu'un seul règlement embrassant toute l'étendue du cours d'eau, mais il fut mis à la retraite pendant que l'on s'en occupait, et laissa à son successeur le soin d'achever ce qui avait été commencé. Ce second ingénieur étant mort, quelques mois après, le dossier, en passant par les mains d'un troisième, finit par s'égarer.

Le Préfet de police, en annonçant ce fâcheux contretemps à son collègue, le priait, afin d'y remédier, de lui envoyer une copie de son projet. Comme l'époque où il avait été rédigé était déjà ancienne et que, dans l'intervalle, l'administration supérieure avait sanctionné de nouvelles mesures pour d'autres cours d'eau du département de Seine-et-Oise, au lieu de déférer à la demande, le Préfet refondit entièrement son premier travail et le soumit, en cet état, au Ministre des Travaux publics. Après l'accomplissement des formalités d'enquête prescrites en pareil cas, il intervint, le 13 janvier 1842, une ordonnance royale qui en approuva les dispositions.

Le nouveau règlement est bien plus complet et formulé avec bien plus de précision que les précédents, il contient d'ailleurs quelques innovations importantes, telles, par exemple, que l'obligation, pour tous les propriétaires d'usines, de les accompagner de déversoirs ainsi qu'on l'avait prescrit en 1716, le rétablissement, avec des pouvoirs très étendus, du syndicat électif, que l'arrêté des consuls avait remplacé par des commissaires n'ayant d'autres attributions que de répartir les dépenses communes, la faculté donnée à l'administration départementale d'autoriser les prises d'eau qu'on avait jusqu'alors prohibées d'une manière absolue, etc.

Nous devons dire que cette dernière disposition excita de vives réclamations de la part du conseil général du département de la Seine; il craignit, avec raison, que, s'il en était fait abus, les usiniers de la partie inférieure de la rivière n'eussent considérablement à en souffrir, et demanda, à plusieurs reprises, qu'elle fût abrogée. Le Préfet, prévoyant qu'il serait difficile de revenir sur un règlement qui recevait son exécution depuis nombre d'années et qui n'avait été homologué qu'à la suite d'une longue instruction, pensa qu'il suffirait, pour obtenir l'équivalent de la demande, que son collègue de Seine-et-Oise fût invité à n'user de la faculté dont il s'agit qu'avec la plus grande réserve, et, mieux encore, qu'après en avoir référé à l'autorité supérieure, qui, elle-même, ne permettrait les prises d'eau qu'autant qu'il ne devrait en résulter aucun dommage pour les usines situées au-dessous.

Mais le Ministre du Commerce et des Travaux publics, alors M. Rouher, lui fit observer, le 23 décembre 1856, que, d'après le décret du 25 mars 1852, d'accord, en ce point, avec l'ordonnance réglementaire de 1842, c'était aux préfets qu'il appartenait d'autoriser les prises d'eau sur les rivières non navigables ni flottables, et que l'administration supérieure ne pouvait être appelée à sanctionner, annuler ou réformer les arrêtés ayant ces autorisations pour objet, que s'ils soulevaient quelques réclamations ; que, dès lors, il n'y avait pas lieu d'exiger qu'ils fussent soumis, *a priori*, à l'approbation ministérielle.

Néanmoins, il ajouta qu'il invitait le Préfet de Seine-et-Oise à n'user de la faculté qui lui était accordée que dans les limites fixées par les articles 644 et 645 du Code civil, et après une instruction complète et contradictoire accomplie dans les formes prescrites par la circulaire du 23 octobre 1851. En conséquence, le Conseil général se déclara satisfait.

Sans attendre cette solution, plusieurs propriétaires de moulins établis dans le département de la Seine s'étaient adressés au Conseil d'État pour faire rapporter les dispositions de l'ordonnance royale qui, prétendaient-ils, leur faisaient grief. Suivant eux, le lit de la Bièvre, sur lequel se trouvaient situées leurs usines, était un lit artificiel que leurs auteurs avaient ouvert à leurs frais et ne formait qu'un long bief ; dès lors, ils soutenaient que les eaux qu'il contenait leur appartenaient, les biefs étant réputés une dépendance des usines et que, par conséquent, l'administration n'avait pas le droit d'en disposer. Laissant de côté cette question préjudicielle, le Conseil d'État rejeta la requête, par un arrêt du 6 mai 1848, attendu que la rivière de Bièvre était un cours d'eau public et que l'ordonnance attaquée constituait un règlement d'administration publique dont les dispositions, prises dans un intérêt d'ordre et de police, n'étaient pas susceptibles de recours par la voie contentieuse.

D'après ladite ordonnance, le curage et l'ébergement de la rivière et de ses principaux affluents doivent être opérés dans le courant des mois d'août et de septembre, savoir : pour chaque bief, par les usiniers, jusqu'à la limite du regard résultant de leurs barrages respectifs, et, sur toutes les autres parties des cours d'eau, par les propriétaires riverains.

Les retenues ayant pour effet de retarder l'écoulement des eaux et de faciliter les dépôts de vase qui finissent par encombrer la rivière, il semble que la charge ainsi imposée aux usiniers, se trouve parfaitement justifiée. Cependant, le Conseil d'État, jugeant au contentieux, ayant décidé plusieurs fois qu'elle lui paraissait trop absolue, une circulaire du Ministre de l'Agriculture, du Commerce et des Travaux publics, en date du 20 avril 1865, ne l'a maintenue qu'à la condition que le concours des riverains pourra, en général, être réclamé, suivant l'intérêt qu'ils auront à ce que le bief soit curé.

Pour n'avoir plus à revenir sur le département de Seine-et-Oise, nous dirons que le curage de la partie supérieure de la Bièvre et de ses affluents s'y faisait annuellement et périodiquement, avant l'ordonnance de 1842, par les soins des maires et sous la surveillance d'un commissaire *ad hoc*, en vertu d'un arrêté préfectoral du 12 juillet 1810 et d'un autre, du 25 floréal an IX, concernant tous les cours d'eau de ce département.

§ III

Avant d'aller plus loin nous parlerons des conflits qui ont existé, pendant longtemps, entre le Préfet de la Seine et le Préfet de police, au sujet de l'administration de la Bièvre, conflits qui n'ont pas peu contribué au désordre qui a été si nuisible au bon régime de ce cours d'eau.

Nous avons été à même de constater, que ce ne fut pas sans un certain déplaisir, que le magistrat investi le premier du titre de Préfet de la Seine (le C^{en} Frochot) vit une autorité, marchant de pair avec la sienne, remplacer le Bureau dit central qui, dès son origine, avait été mis sous la dépendance de l'administration départementale et était uniquement chargé de la police et des subsistances, dans le canton de Paris. Il accueillit, en effet, d'un assez mauvais œil, l'institution d'un Préfet de police, et, comme le fonctionnaire appelé immédiatement à ce poste (le C^{en} Dubois) était d'ailleurs, ainsi que nous avons pu également le constater, très envahisseur de sa nature, des contestations s'élevèrent bientôt entre eux, sur la limite de leurs pouvoirs respectifs; la Bièvre fut surtout un des objets qui les divisèrent le plus.

En décidant que la police de cette rivière ferait désormais partie des attributions des Préfets de la Seine et de Seine-et-Oise, ainsi que du Préfet de police, suivant la compétence qui leur était dévolue par les lois et actes du Gouvernement, que, dès lors, chacun d'eux veillerait, en ce qui le concernait, au maintien des dispositions du règlement de 1732, l'arrêté du 25 vendémiaire an IX avait évidemment entendu, quant au département de la Seine, que le Préfet ferait exécuter toutes les mesures relatives à la construction des bâtiments, à l'établissement des usines et à la conservation des eaux, pendant que le Préfet de police s'occuperait de tout ce qui intéressait la salubrité de la rivière et tiendrait la main à ce que ses crues subites ne fussent ni dommageables ni périlleuses.

Ce partage d'attributions se trouva-t-il modifié par le second arrêté que prirent les Consuls, le 3 brumaire suivant, et qui étendit l'autorité du Préfet de police sur tout le département de la Seine et sur quelques communes du département de Seine-et-Oise ?

La question ne fit aucun doute pour ce dernier et, dans une circulaire qu'il adressa, treize jours après, aux autorités municipales *extra muros*, au sujet des relations qu'il aurait désormais avec elles, il leur disait : « J'invite les maires et adjoints
» des communes dont la Bièvre est limitrophe à me donner des
» détails sur l'état de cette intéressante rivière, je les invite
» surtout à me dire si les dispositions de l'arrêt du Conseil du
» 26 février 1732, qui ont trait à la conservation de ses eaux,
» sont exactement observées, etc. »

Le Préfet de la Seine fut d'un avis contraire; à ses yeux, les pouvoirs conférés à son collègue étaient les mêmes qu'auparavant, seulement il les exercerait à l'avenir, dans un plus grand ressort. En conséquence, dès le 3 pluviôse an IX, il chargea un ingénieur de dresser le devis estimatif des dépenses qu'entraînerait le curage de la Bièvre dans toute l'étendue du département, le montant, par suite d'une fausse interprétation de l'arrêté de vendémiaire, devant en être recouvré, suivant lui, avant l'entreprise des travaux. Il invita, en même temps, son collègue de Versailles à en faire autant pour la partie supérieure de ce cours d'eau. Le 12 germinal suivant, il prit un arrêté auquel il donna une grande publicité et dont le but était d'assurer, tant dans Paris qu'au delà de son enceinte, l'exécution de toutes les prescriptions des anciens règlements restées en vigueur, enfin, par un autre arrêté du 19 du même mois, il ordonna que le curage de la rivière aurait lieu immédiatement, sous la direction de l'ingénieur en chef du service départemental. Il ne laissait donc rien à faire au Préfet de police et semblait même ignorer qu'il existât.

Celui-ci se plaignit, avec véhémence, d'un pareil procédé et s'empressa de le déférer à la censure de l'autorité supérieure. Le Ministre de l'Intérieur, alors le C^{en} Chaptal, annula, sans balancer, le 12 floréal an IX, des actes qu'il considérait comme incompétement rendus. Il se fonda principalement sur ce que l'arrêté du 25 vendémiaire était un règlement de police et sur ce que celui du 3 brumaire ayant donné au Préfet de police le droit d'exercer dans tout le département, il en résultait que les fonctions du Préfet de la Seine se trouvaient réduites à l'administration proprement dite. Il notifia, le même jour, sa décision à ce dernier par une lettre dont les termes paraîtront un peu durs et que nous reproduisons *in extenso*. La voici :

« J'ai examiné avec attention, Citoyen Préfet, les deux arrêtés
» que vous m'avez adressés, le 22 germinal, et qui sont relatifs
» à la police et au curage de la rivière de Bièvre. Je suis sur-
» pris que vous n'ayez pas reconnu que vous n'aviez été appelé
» par l'arrêté du Gouvernement du 25 vendémiaire, pour con-
» courir au maintien des mesures de police prescrites pour la
» conservation des eaux de cette rivière, que parce qu'à cette
» époque les fonctions de Préfet de police se trouvant circons-

» crites dans la commune de Paris, vous aviez, comme tous les
» Préfets de département, l'exercice de la police sur toutes les
» parties du département de la Seine, autres que la commune
» de Paris.

» Vous auriez dû voir que l'arrêté du 3 brumaire dernier
» avait changé cet état de choses, et que les attributions du Pré-
» fet de police embrassant aujourd'hui tout le territoire du
» département de la Seine, vous deviez vous concentrer dans vos
» fonctions administratives et rester étranger à tous les actes
» relatifs à la police, quelle que fût la partie de votre départe-
» ment qui pût en être l'objet. Vous m'auriez évité le regret
» d'avoir à prononcer sur les réclamations que le Préfet de
» police a faites contre votre incompétence et toute l'irrégula-
» rité des arrêtés que vous avez rendus, les 12 et 19 germinal
» dernier.

» Forcé, pour le maintien de l'ordre, d'annuler ces deux
» arrêtés, j'ai voulu tempérer la sévérité de ce résultat. Je n'ai
» relevé, ni dans les dispositions de l'arrêté que j'ai pris, ni
» dans les motifs qui le justifient, la précipitation avec laquelle
» vous avez fait imprimer et afficher deux actes qui, même en
» vous supposant compétent, auraient dû m'être soumis avant
» d'acquérir la moindre solennité, et j'ai affecté de me taire sur
» votre propre affectation de ne pas vous concerter avec le
» Préfet de police, dont le concours eût été nécessaire, dans le
» cas même où vous auriez conservé l'exercice de la police sur
» une partie du territoire de votre département. Cependant, il
» est possible que l'accord des deux autorités eût prévenu le
» mouvement et la fermentation que l'affiche de vos arrêtés a
» provoqués; il est au moins certain qu'en vous réunissant,
» vous auriez évité, par des mesures préliminaires et relatives
» aux mêmes objets, des frais dont le double emploi surcharge
» inutilement les habitants qui y contribuent.

» Les détails dans lesquels je viens d'entrer ne doivent vous
» laisser aucun doute sur le genre de confiance que vous m'ins-
» pirez.

» Je désire, bien franchement, pour le bien du service et
» pour votre propre dignité, que vous évitiez constamment de
» dépasser les limites du pouvoir qui vous est confié. Pourquoi
» ne verriez-vous pas dans le pouvoir dont le Préfet de police
» est investi, non une diminution de vos droits, mais une allé-
» geance de vos devoirs ?

» L'administration, proprement dite, vous laisse tant de
» bien à faire que ce n'est pas trop de tout votre zèle pour une
» pareille responsabilité.

» Vous trouverez ci-joint une expédition de l'arrêté que j'ai
» pris, je vous prie de m'en accuser réception. »

Le Préfet de la Seine avait, sans doute, été beaucoup trop loin. Cependant, il aurait pu objecter que le règlement de l'an IX ayant maintenu presque toutes les dispositions de celui de 1732, il y avait à prendre, pour l'exécution de l'un et de l'autre, des mesures d'administration qui étaient de sa compétence; que ses deux arrêtés pouvaient donc être réformés sur quelques points, mais non pas annulés, *hic et nunc*, en leur entier. Néanmoins, la décision ministérielle l'avait tellement froissé qu'il garda le silence, s'étant promis de laisser tout passer, sans jamais protester.

Quelques années après, le Ministre de l'Intérieur, M. Crétet, ayant approuvé les plans que lui avait soumis le Conseil des bâtiments civils pour les alignements à donner le long de la Bièvre et le redressement de ce cours d'eau, *intra muros*, le Préfet de la Seine, étant exclusivement chargé de la grande voirie dans Paris, pensa qu'il lui appartenait de tenir la main à l'exécution de ces plans, et de délivrer, en conséquence, les permissions de construire qui seraient demandées par les riverains. Mais le Préfet de police objecta qu'il n'y avait aucune parité entre les alignements des rues et la délimitation des bords de la rivière, que cette délimitation se liait nécessairement à la conservation des eaux et que, dès lors, la surveillance lui en revenait de droit.

Toutes les fois, ajoutait-il, qu'un service sera partagé, il n'y aura plus de responsabilité réelle ; les deux administrateurs négligeront leurs parties respectives pour éviter les points de contact ; ou, si l'un d'eux s'en occupe, il sera continuellement en discussion avec l'autre et la chose publique en souffrira. Le 28 avril 1808, le Ministre décida que, dans l'espèce, les alignements devaient, en effet, être considérés moins comme un objet de grande voirie que comme un moyen d'assurer la salubrité du cours d'eau, et il se rangea de l'avis du Préfet de police.

Plus tard, le propriétaire du parc de Berny, dans lequel passait la Bièvre, s'étant adressé à l'autorité supérieure, afin d'être autorisé à en déplacer le canal, sa demande fut envoyée au Préfet de la Seine, pour y donner la suite convenable. Comme elle impliquait la délivrance d'un alignement, celui-ci crut devoir se récuser, alléguant la décision que nous venons de rapporter. Le comte de Montalivet, alors Ministre de l'Intérieur, lui répondit, le 2 février 1811, qu'il fallait inférer des termes de l'arrêté du 25 vendémiaire que les fonctionnaires y dénommés agiraient de concert, en demeurant, les uns et les autres, dans la sphère de leurs attributions ; que la répression des contraventions tendant à embarrasser le cours de la rivière, ou à gâter ses eaux, ou à compromettre, soit la salubrité publique, soit la sûreté des personnes et des choses, était, en conséquence, du ressort du Préfet de police ; mais qu'il appartenait au Préfet du département de fixer la hauteur des déversoirs des moulins et de prononcer sur les demandes en établissement de nouvelles usines ou ayant pour objet soit de redresser le cours d'eau, soit d'obtenir des alignements pour bâtir sur ses bords. Le 20 août suivant, il fit un partage d'attributions, entre ces deux magistrats, en tenant compte des observations contenues dans sa missive.

Jusqu'alors, le Préfet de police, quand il s'agissait de la délivrance d'un alignement ou de la construction d'un ouvrage d'art, même en dehors de l'enceinte de Paris, avait pris l'avis de l'ingénieur en chef des Ponts et Chaussées, qui dirigeait les travaux hydrauliques de cette ville. Lorsqu'il eût été décidé que ces objets seraient désormais du ressort du Préfet de la Seine, celui-ci considérant que, conformément aux règlements généraux, tout ce qui intéresse le régime des cours d'eau devait, dans chaque département, être instruit par l'ingénieur en chef chargé du service ordinaire, prit un arrêté, dans ce sens, à l'égard de la Bièvre, le 10 janvier 1814. L'ingénieur des travaux hydrauliques exerça, par exception, sous ce chef de service, les fonctions d'ingénieur d'arrondissement, pour la partie de la rivière située dans Paris. Ces fonctions, pour l'autre partie, furent remplies par l'ingénieur de l'arrondissement du sud.

Deux ans après, ce dernier, par suite de la mise à la retraite de l'ingénieur des travaux hydrauliques, eut la surveillance du cours d'eau, dans toute l'étendue du département. Mais quand on eut créé un service municipal, à la tête duquel était encore un ingénieur en chef des Ponts et Chaussées, celui-ci partagea avec son collègue de la Seine, la direction des affaires concernant la Bièvre, l'un *intra*, l'autre *extra muros*, en s'aidant des agents placés sous leurs ordres respectifs.

Le Préfet de police ne paraît pas avoir fait d'objections à la décision qui lui enlevait des attributions qu'une autre décision avait reconnues lui appartenir. Le commissaire du quartier St-Marcel lui ayant demandé ses instructions au sujet de plusieurs constructions qu'on élevait sur les bords de cette rivière, sans son autorisation, il l'informa, le 14 décembre 1812, de la nouvelle doctrine professée par le Ministre de l'Intérieur et l'invita à ne mettre aucun empêchement à l'exécution des travaux, lorsqu'on lui justifierait de permissions accordées par le Préfet du département. Seulement, ajoutait-il, vous veillerez à ce qu'on ne s'écarte pas des conditions imposées.

Mais insensiblement la décision ministérielle tomba dans l'oubli. Nous voyons, en effet, que le Préfet de police détermina, lui-même, par un arrêté du 5 juin 1820, d'après les propositions de l'inspecteur de la Bièvre, la hauteur à laquelle les usiniers pourraient faire monter les eaux en faisant leurs éclusées, et que, par une ordonnance du 27 mai 1837, rendue sur le rapport du directeur de la salubrité, il défendit aux propriétaires riverains de faire ou de rétablir dans son lit ou sur ses bords aucune construction, sans une autorisation émanée de lui.

Bientôt la confusion devint telle que les permissions d'exécuter des travaux d'une même nature étaient délivrées, tantôt par le Préfet de la Seine, tantôt par le Préfet de police, suivant que les pétitionnaires s'adressaient à l'un ou à l'autre de ces fonctionnaires.

Cependant, intervint l'ordonnance royale applicable exclusivement au département de Seine-et-Oise et dont nous avons parlé au paragraphe précédent, ordonnance qui introduisit plusieurs changements dans le règlement de 1732 et même, dans celui de l'an IX, en établissant un syndicat destiné à remplacer les commissaires chargés de la répartition des dépenses accidentelles et communes.

Le Préfet de police qui avait déjà demandé l'avis d'une commission nommée par lui sur les modifications que ces règlements devraient subir, pour être mis en harmonie avec la législation actuelle et la nouvelle organisation industrielle, après en avoir élagué les dispositions transitoires ou devenues inutiles, soumit au Ministre des Travaux publics, le 20 juillet 1842, un projet conçu dans cet ordre d'idées, et qui embrassait le cours entier de la rivière. Il conservait presque toutes les mesures spéciales au département de Seine-et-Oise, mais il ne voulait pas de syndicat pour le département de la Seine. Il allégeait d'ailleurs la charge du curage imposée aux riverains en les faisant participer, suivant une certaine proportion, dans le produit de la taxe des tonneaux de lavage.

De son côté, le Préfet de la Seine consulta, en 1847, sur des questions analogues, une autre commission composée, en grande partie, de membres du conseil général et fit, de l'avis qu'elle lui donna, la base d'un contre-projet ne comprenant que la section de la Bièvre située entre son point d'arrivée sur ce département et le mur d'octroi de Paris. Il laissait subsister intégralement le règlement spécial à Seine-et-Oise et admettait, pour la Seine, un syndicat semblable à celui qu'il avait institué. Il faisait aussi profiter du produit de la taxe des tonneaux ceux à qui incombait la dépense du curage, mais dans une proportion différente de celle proposée par le Préfet de police.

Comme, en présentant leurs propositions, ces deux magistrats continuaient de s'exclure l'un l'autre dans le partage de leurs pouvoirs, et que le conseil général insistait pour que l'on mît fin à de pareils conflits qui, disait-il, paralysaient toutes les opérations et annihilaient, en la déconsidérant, l'action administrative, le Ministre jugea à propos de faire, avant tout, résoudre, de nouveau, la question touchant leur compétence quant à la partie du cours d'eau située hors de Paris, la seule qu'il y eût à réglementer. En conséquence, il provoqua un décret déterminant, avec précision, leurs droits respectifs.

Ce décret, délibéré en Conseil d'État, nous paraît avoir fait une saine application des principes généraux qui régissent la matière. Il portait la date du 25 janvier 1854 et disposait que le Préfet de police aurait dans ses attributions : 1° le curage et les faucardements ; 2° la préparation des rôles de répartition, ainsi que le contrôle et la vérification des dépenses résultant de ces deux opérations ; 3° la conservation de la pureté des eaux ; 4° la prohibition de tous les obstacles de nature à en embarrasser le cours ; 5° la police des tonneaux ; 6° le maintien de la salubrité publique ; 7° la nomination des gardes-rivière, la fixation du traitement et la détermination des fonctions de ces agents ; 8° enfin, tout ce qui concerne la sûreté des personnes et des propriétés.

Le Préfet de la Seine demeurait chargé : 1° de la réglementation des usines et des établissements non classés, existants ou à former, soit dans le lit de la rivière, soit sur ses bords ; 2° des alignements à donner sur ces mêmes bords pour les constructions et le maintien du marchepied ; 3° de la rédaction des projets des travaux d'art, de leur mise en adjudication et de leur exécution ; 4° enfin, de la surveillance à exercer sur les propriétaires d'usines et d'établissements industriels, à l'effet d'assurer l'exécution rigoureuse des conditions qui leur seraient imposées, tant en ce qui concerne les barrages et saignées que la conservation du volume des eaux.

L'ingénieur en chef du département ayant été invité à revoir le travail que le Préfet de la Seine avait élaboré, en 1847, et à y apporter les amendements nécessaires, tant pour le mettre d'accord avec le décret que pour le fondre avec celui de la Préfecture de police, dans le but de n'avoir qu'un seul règlement, s'acquitta de sa tâche d'une manière très judicieuse. Avant de soumettre son projet à une enquête administrative, il importait que les deux Préfets lui donnassent leur assentiment. Pendant les négociations qui eurent lieu à ce sujet, il intervint un autre décret, celui du 10 octobre 1859, qui, en étendant les attributions du Préfet de la Seine, décida qu'elles comprendraient désormais le curage des égouts, que, jusqu'à ce moment, le Préfet de police avait dirigé. Le premier n'hésita pas, en conséquence, à s'attribuer le droit non seulement de pourvoir au curage de la Bièvre, mais encore de statuer sur tout ce qui a quelque rapport avec cette rivière.

Son collègue ayant cru devoir en référer à l'autorité supérieure, le Ministre de l'Intérieur, M. Billault, lui répondit, le 10 décembre 1859, que le curage des petits cours d'eau était, en général, dans la dépendance des administrations départementales et que si, par exception, le décret de 1854 l'avait chargé de celui de la Bièvre, c'est que cette rivière était couverte d'une voûte dans l'intérieur de Paris et, par suite, considérée comme un égout; mais que, puisque le curage des égouts appartenait maintenant au Préfet de la Seine, le décret se trouvait rapporté.

Le Préfet de police aurait pu faire remarquer que quelques parties seulement de la Bièvre étaient voûtées, dans Paris, et qu'elle continuait, hors des murs, à couler à ciel ouvert; que, dès lors, sur la plus grande étendue de son parcours, elle ne pouvait être assimilée à un égout, suivant l'acception rigoureuse de ce mot; que d'ailleurs le décret de 1854 lui avait conféré d'autres attributions que celle d'en assurer le curage, attributions que le dernier ne lui avait pas enlevées, étant resté muet à cet égard;

mais, comme, à cette époque, les questions de principe fléchissaient, souvent encore, devant les questions de personnes, il n'insista pas.

Ainsi cessèrent enfin tous prétextes de contestations entre lui et le Préfet de la Seine, relativement à l'administration de la rivière de Bièvre.

§ IV

Fort de la décision par laquelle le C^{en} Chaptal lui avait reconnu le droit d'administrer la Bièvre dans toute l'étendue du département de la Seine, le Préfet de police rendit, dès le 19 messidor an IX, une ordonnance beaucoup plus détaillée que ne l'avait été l'arrêté de son collègue et dans laquelle il rappela, lui aussi, toutes les prescriptions, alors en vigueur, qui concernaient cette rivière, et dont il lui appartenait d'assurer l'exécution. Quelques-unes n'étaient certainement pas de sa compétence ; celles, par exemple, qui avaient pour objet soit la délivrance des permissions de construire ou de réparer des bâtiments, le long du cours d'eau, soit l'établissement de vannes et de déversoirs pour le fonctionnement des usines ; néanmoins, elle fut revêtue de l'approbation du même Ministre. Nous n'en rapporterons pas les termes, attendu qu'elle a également été insérée dans le *Recueil des règlements sur l'assainissement de Paris*.

Immédiatement après, le Préfet de police institua une inspection particulière de la Bièvre et appela à ce poste, dont la rémunération n'était que de 1,200 francs par an, le C^{en} Recordère, maire de Gentilly, qui l'occupa, sans interruption, jusqu'en 1835. Il lui adjoignit un garde-rivière, du nom de Pierre Chiquet, qui résidait dans ce village et auquel il attribua un traitement de 720 francs. Comme ce dernier portait, en même temps, les contraintes que nécessitait la perception des cotisations employées à la conservation des eaux, ce qui l'obligeait à de fréquents déplacements, on éleva, au bout de quelques mois, son traitement à 1,000 francs. Cet agent fut remplacé, à sa mort, par son fils, Jean-Baptiste, qui cessa aussi ses fonctions en 1835.

Le Préfet de police institua, en outre, une commission permanente chargée de donner son avis sur les questions qui intéressaient le régime de la rivière, et il eut à faire payer une certaine somme due pour la réparation de quelques ouvrages d'art faite en l'an VIII.

Il nomma seul les deux commissaires qui devaient faire la répartition des dépenses accidentelles et communes, conjointement avec celui de Seine-et-Oise. Puis, il réglementa le recouvrement des rôles de ces dépenses et fixa le tarif des frais de poursuites à payer par les retardataires.

Enfin, il désigna, parmi les intéressés, celui qui aurait à faire ce même recouvrement, mais bientôt après, il en confia le soin à l'inspecteur du cours d'eau.

Ce dernier versait, tous les mois, le montant de sa recette à la caisse intérieure de la préfecture. Par voie de conséquence, le payement des dépenses corrélatives était effectué par cette même caisse.

On a vu, dans la première partie de cet ouvrage, que, sous l'ancien régime, l'administration tolérait, moyennant une certaine redevance, la pose de tonneaux à demeure sur les bords de la Bièvre, pour l'usage des blanchisseuses de lessive. L'ordonnance du 19 messidor maintint la tolérance et en régularisa la jouissance. Les blanchisseuses étaient tenues, indépendamment du payement de ladite redevance, de faire le nécessaire pour que les berges de la rivière fussent conservées en bon état et le passage y rester toujours libre. Les tonneaux ne pouvaient avoir plus de $0^m,90$ de profondeur, ni plus de $0^m,60$ de diamètre. Ils devaient être fermés d'un couvercle hors des heures du travail et pendant la nuit. En cas de leur abandon ou du retrait de la permission, il était prescrit de les combler, au lieu de les arracher, comme on le faisait autrefois.

Jusqu'en 1834 inclusivement la perception de la redevance a été faite par l'inspecteur de la Bièvre, et ce n'est que postérieurement qu'on a tenu un compte exact de son produit. Il s'est élevé, jusqu'au jour où le Préfet de police n'a plus eu l'administration de la rivière, savoir :

		Report....	29,052 fr.	Report....	58,019 fr.
En 1835 à...	2,880 fr.	En 1844 à...	3,231	En 1853 à...	2,904
— 1836 à...	3,260	— 1845 à...	3,328	— 1854 à...	2,964
— 1837 à...	3,375	— 1846 à...	3,496	— 1855 à...	3,002
— 1838 à...	3,322	— 1847 à...	3,383	— 1856 à...	3,025
— 1839 à...	3,310	— 1848 à...	3,281	— 1857 à...	2,964
— 1840 à...	3,368	— 1849 à...	3,050	— 1858 à...	3,001
— 1841 à...	3,124	— 1850 à...	3,107	— 1859 à...	2,862
— 1842 à...	3,198	— 1851 à...	3,070	Total......	78,741 fr.
— 1843 à...	3,215	— 1852 à...	3,021	Soit, en	
A reporter.....	29,052 fr.	A reporter...	58,019 fr.	moyenne, à..	3,150 fr.

Nous ferons remarquer que le nombre de ces tonneaux va toujours en diminuant, et que, depuis que la Ville a pris la résolution de couvrir successivement le cours d'eau partout où il n'est pas possible de le combler, il n'y en a plus dans l'intérieur de Paris.

L'ordonnance du 19 messidor portait que l'on pourvoirait, en l'an IX, au curage de la Bièvre, par des dispositions particulières. Cependant, on a, comme par le passé, laissé à ceux pour lesquels il est obligatoire, le soin d'y procéder. Il en a été autrement, l'année suivante; le Préfet de police, considérant qu'il n'avait jamais été bien fait, tant que ceux-ci avaient eu la faculté de l'effectuer par eux-mêmes, qu'il importait que, pour ne rien laisser à désirer, il fût exécuté en totalité par des ouvriers habitués à ce genre de travail, que la plus économique et la meilleure manière d'atteindre ce but était d'en passer des adjudications au rabais, décida, le 26 messidor an X, qu'il serait donné à l'entreprise, avec défenses aux riverains de s'immiscer dans l'opération, même le long de leurs propriétés.

Nous rappellerons qu'une pareille mesure avait déjà été sollicitée, mais sans succès, en 1749. Bien qu'elle fût en opposition avec les anciens règlements, le Ministre de l'Intérieur approuva, sans difficulté, l'ordonnance qui l'instituait. Elle était reproduite tous les ans.

Dans les commencements, les rôles dressés par les commissaires-répartiteurs comprenaient, indépendamment des dépenses accidentelles et communes, celles du curage proprement dit. Mais, plus tard, le Préfet de police jugea que leur concours n'était pas nécessaire pour l'établissement des rôles relatifs à ces dernières, attendu qu'étant supportées par les meuniers et riverains, au prorata de la longueur de leurs propriétés, la fixation de la part contributive de chacun d'eux, une fois le prix du mètre courant arrêté par l'adjudication, ne demandait plus qu'une simple opération arithmétique. En conséquence, il y procédait lui-même. L'entrepreneur qui avait été chargé du curage poursuivait ensuite le recouvrement des cotisations et se faisait ainsi payer de ses travaux.

On sait que les autres dépenses devaient être supportées par les intéressés à la conservation des eaux, d'après le volume que chacun d'eux était présumé consommer pour l'exercice de sa profession, le nombre d'ouvriers qu'il employait, l'étendue des terrains qu'il occupait et autres données de même nature. Il faut convenir que, par suite des investigations auxquelles ils étaient obligés de se livrer, la tâche des commissaires devenait longue et difficile. Afin d'obvier à cet inconvénient, on les autorisa à prendre, pour unique base de leur travail, le revenu de chaque établissement industriel. De cette manière les rôles étaient promptement dressés. Néanmoins, on ne s'en occupait guère que tous les trois ou quatre ans. Nous avons dit que l'inspecteur de la Bièvre en faisait le recouvrement après qu'ils avaient été rendus exécutoires.

Quant au fossé de décharge ou faux ru ouvert, en 1665, pour prévenir les inondations, il était curé et entretenu, chaque année, en vertu d'un marché particulier que l'on renouvelait de temps en temps. La dépense en était à la charge des seuls industriels qui y déversaient leurs eaux.

N'oublions pas de dire que, conformément aux dispositions de l'ordonnance du 19 messidor, on déduisait du montant des dépenses accidentelles et communes, avant d'en faire la répartition, le produit de la rétribution payée par les tonneaux servant au blanchissage du linge, en sorte que le contingent des intéressés à la conservation des eaux se trouvait beaucoup allégé. Il était même quelquefois inférieur à celui qui était demandé aux riverains pour le curage, ce qui n'était pas juste, attendu que ce sont les industriels qui, par leurs barrages ou en jetant dans la rivière des immondices de toute espèce, contribuent le plus à l'encombrer.

En 1833, le conseil municipal de Gentilly, s'appuyant sur l'avis de plusieurs avocats de talent qu'il avait consultés, réclama vivement au sujet de l'emploi de la rétribution dont nous venons de parler. Il prétendait qu'elle n'avait pas le caractère d'un impôt, puisqu'elle ne figurait pas parmi les taxes dont la perception était autorisée, chaque année, par la loi de finances. Il ne fallait donc la considérer que comme un droit de location sur une rivière. Or, disait-il, comme, d'après la loi du 11 frimaire an VII, de pareils droits font expressément partie des revenus municipaux, cette rétribution devait profiter exclusivement à la commune pour les tonneaux établis sur son territoire.

Le 31 juillet 1834, le Préfet de police répondit qu'elle n'était pas, il est vrai, perçue à titre d'impôt, mais qu'elle ne constituait pas non plus un droit de location sur une dépendance du domaine public, attendu que la Bièvre n'étant ni navigable ni flottable, les berges et le lit en appartenaient aux riverains [1]. Que s'il avait paru convenable de tolérer sur ces berges l'existence de tonneaux, il avait aussi paru juste d'en assimiler les possesseurs aux principaux intéressés, puisqu'ils se servaient, comme eux, des eaux de la rivière, et de les faire participer, en conséquence, aux frais qu'entraînaient la surveillance et la conservation de ces eaux, au moyen d'une certaine redevance. Il ajoutait que si le droit d'assimilation lui était contesté il pourrait user de celui de supprimer les tonneaux.

Quant à la loi du 11 frimaire an VII, il faisait observer que, de ses termes, il résultait qu'elle avait eu seulement en vue les stationnements sur les rivières navigables et que, dès lors, elle n'était pas applicable dans l'espèce.

Il repoussa donc la réclamation comme n'étant nullement fondée.

Il paraît que la Bièvre était bien mal surveillée en 1832, et qu'on y laissait tout à l'abandon, principalement dans la traversée de Paris. C'est du moins ce qui résulte d'un rapport adressé au Préfet de la Seine, le 8 août, par l'ingénieur en chef du service municipal.

Des anticipations de toute nature, y est-il dit, des plantations,

---

1. On verra dans le paragraphe suivant que telle était aussi, sur la question de propriété, l'opinion du Préfet de la Seine et du conseil municipal. Nous faisons remarquer plus loin qu'elle était erronée.

des bâtiments, des batardeaux en rétrécissent la section et en diminuent la pente d'une manière tout à fait déplorable.

Les eaux gênées et retenues, sur tous les points, sont le réceptacle de nombreux cadavres d'animaux qu'on y jette la nuit, après les avoir dépouillés, et qui séjournent sur les vases et les hauts-fonds, jusqu'à ce que des riverains complaisants veuillent bien leur faire franchir plusieurs barrages, afin de faciliter leur descente jusqu'à la Seine.

Les curages sont d'ailleurs exécutés avec une telle négligence que les vases restent accumulées sur plus d'un mètre de hauteur, en différents endroits, dans la partie déjà canalisée et dans celle au-dessous, par suite du heurt qu'y forme le sol naturel.

Enfin, dans cette dernière partie, les industriels ayant absolument besoin d'une tranche d'eau, pour leurs lavages, établissent des barrages qui la font monter, et submergent ainsi toutes les rives, circonstance d'autant plus fâcheuse que ces barrages produisent une surélévation de la tranche vaseuse et que le mal va ainsi en s'aggravant, dans une proportion désolante.

Un pareil désordre, dont le Préfet de police fut, plus tard, informé, réclamait de promptes mesures. En conséquence, ce magistrat, considérant que les moyens employés jusqu'alors pour l'assainissement de la Bièvre étaient reconnus insuffisants, qu'il y avait nécessité, dans l'intérêt des propriétaires riverains et de la salubrité publique, d'assurer, sur tout son parcours, une surveillance plus complète et de pourvoir d'une manière plus efficace tant à l'entretien de ses berges qu'au curage de son lit, prit, dans ce double but, le 15 octobre 1835, un arrêté dont voici les dispositions :

« Article premier. — Il est créé deux emplois de gardes de la
» rivière de Bièvre, sous les ordres du directeur de la salubrité

» et sous la dénomination de premier et de deuxième garde.

» Art. 2. — Ces deux gardes, indépendamment de la surveil-
» lance qu'ils exerceront sur tous les points de cette rivière, se-
» ront constamment occupés à son curage et à l'entretien de ses
» berges. Ils devront, en outre, signaler et constater, par procès-
» verbaux, les contraventions commises sur ledit cours d'eau.

» Ils seront, en conséquence, assermentés et auront, pour
» marques distinctives de leurs fonctions, un chapeau en cuir
» bouilli avec cette inscription : *Garde de la Bièvre*, et une
» plaque de cuivre qu'ils porteront ostensiblement au bras
» gauche et sur laquelle seront gravés les mots : *Préfecture
» de police; garde de la Bièvre*.

» Art. 3. — Le traitement du premier garde est fixé à 900 francs
» par an, et celui du deuxième à 720 francs, payables par dou-
» zièmes, de mois en mois.

» Il est alloué, en outre, à chacun d'eux une indemnité de
» 7 fr. 50 par mois, au moyen de laquelle ils seront tenus de
» pourvoir à l'entretien et au renouvellement des outils et des
» bottes nécessaires à leurs travaux, ainsi que du chapeau et de
» la plaque en cuivre, après toutefois que la première fourni-
» ture de ces divers objets aura été faite par l'administration.

» En cas de départ ou de révocation, les effets susmention-
» nés appartiendront de droit à l'administration et devront être
» restitués, en bon état, par les gardes qui cesseront leurs
» fonctions, sous peine de retenue de leur traitement et indem-
» nité pour réparation ou nouvelle acquisition des effets laissés
» en mauvais état ou égarés.

» Art. 4. — Selon l'occurrence du temps, de la saison ou d'ac-
» cidents imprévus, la direction de la salubrité pourra employer,
» par mois, 50 journées d'ouvriers auxiliaires à l'entretien de la
» rivière de Bièvre. Ces ouvriers seront dirigés par un inspec-
» teur du service de la salubrité auquel il sera alloué, en sus de

» son traitement, une indemnité spéciale de 50 francs par
» mois.

» Art. 5. — L'inspecteur de la salubrité chargé de la direction
» des ouvriers auxiliaires sera renouvelé tous les trois mois et
» devra livrer la rivière en bon état à son remplaçant qui le re-
» connaîtra par écrit.

» Art. 6. — Au moyen des ressources mises à sa disposition,
» le directeur de la salubrité veillera à ce que la Bièvre soit
» constamment propre et dégagée, à ce que nulle tentative d'em-
» piètements ne soit faite et à ce que nul abus ne s'introduise
» dans l'usage des eaux et des berges. Il devra nous adresser,
» tous les quinze jours, un rapport de l'état des lieux et des
» résultats obtenus, et, en fin d'année, un rapport général dans
» lequel seront résumés tous les travaux qui auront été faits.

» Art. 7. — Les traitements et indemnités alloués aux deux
» gardes et à l'inspecteur de la salubrité, les salaires des ouvriers
» employés auxiliairement et les frais de première acquisition
» des outils, bottes, chapeaux et plaques de cuivre, seront im-
» putés sur les fonds versés par les intéressés à la conservation
» des eaux et berges de la rivière. »

Par un autre arrêté, en date du même jour, l'inspecteur de
la Bièvre, ainsi que l'agent qui cumulait les fonctions de garde
et de porteur de contraintes, furent supprimés, et un troisième
arrêté nomma les deux gardes-rivière dont l'emploi venait
d'être créé.

Le caissier de la préfecture fut chargé du recouvrement tant
des rôles de dépenses à payer par les intéressés que de celles
du curage, lorsque les travaux avaient été exécutés en régie. Il
percevait aussi les rétributions dues par les détenteurs de tonneaux. On lui allouait, pour le tout, les mêmes remises qu'aux
receveurs de deniers publics.

Il est probable que cette nouvelle organisation, la canalisation aidant, donna des résultats plus satisfaisants que ceux de la précédente. Néanmoins, les nombreuses délibérations prises plus tard, par le conseil général du département, nous font conjecturer que si, dans les commencements, on avait amélioré l'état de choses, il laissa, par la suite, encore beaucoup à désirer.

En prenant les mesures que nous venons de rappeler, il est évident que le Préfet de police se proposait de faire exécuter, à l'avenir, le curage de la Bièvre, en dedans et en dehors de Paris, par voie de régie et non plus en vertu de marchés passés au rabais. Il changea bientôt de résolution, du moins pour la partie située *extra muros*, et par son ordonnance du 20 août 1836, le curage y a été donné à l'entreprise. Il en a été de même les treize années suivantes. Mais, par une autre ordonnance du 23 juillet 1850, son successeur, pensant qu'il y aurait de l'inconvénient à lier l'administration par un marché dont les dispositions pourraient n'être pas conformes à celles du nouveau règlement, alors à l'étude, décida, de nouveau, que l'opération aurait lieu, cette année-là, en régie. On a continué à agir ainsi tant que le Préfet de police a eu l'administration de la rivière.

Cependant, le conseil général de la Seine, craignant que le procédé suivi pour les recettes et les dépenses concernant le service d'entretien de la Bièvre n'engendrât des abus, demanda qu'elles fussent rattachées au budget départemental. Les cotisations constituèrent alors un des produits éventuels du département, et furent, en conséquence, recouvrées par les percepteurs des contributions, sous la direction du receveur central. Comme complément de la mesure, un crédit fut annuellement inscrit au même budget pour le payement des dépenses. Ce nouveau système fut inauguré en 1851 et continue à être observé.

La comptabilité des dépenses dont il s'agit était tenue, à la Préfecture de police, par exercices commençant, dans l'origine, le 1er messidor et finissant le 30 prairial suivant. Lors de la remise en usage du calendrier grégorien, ils commencèrent le 1er juillet et finirent le 30 juin, conservant ainsi une durée de douze mois, comme auparavant. Nous aurions voulu donner le tableau de ces dépenses, mais les rôles n'ayant échappé qu'en petit nombre à l'incendie de 1871, nous avons dû y renoncer.

Depuis que le Préfet de police n'a plus l'administration de la Bièvre, le curage, lorsqu'il est jugé nécessaire dans la traversée de Paris, est exécuté par les soins du service municipal. Quant au surplus de son parcours, l'opération a lieu sous la direction de l'ingénieur en chef du Département, au moyen d'un marché passé, chaque année, au rabais. A partir de la même époque les gardes-rivière ont été remplacés par des conducteurs des Ponts et Chaussées. Cependant, l'un d'eux a été rétabli en 1885 et le Département lui paye un traitement de 125 francs par mois.

§ V

Longtemps avant qu'il n'eût plus à administrer la Bièvre, le Préfet de police avait voulu savoir jusqu'à quel point étaient fondées les plaintes qu'il recevait au sujet du mauvais état dans lequel, prétendait-on, elle était tombée. En conséquence, par deux arrêtés, en date des 1ᵉʳ et 9 décembre 1809, il avait chargé l'ingénieur en chef des Ponts et Chaussées, qui dirigeait le service hydraulique de la ville de Paris, de procéder, conjointement avec l'inspecteur de cette rivière, à une visite générale du trajet qu'elle suit dans le département de la Seine, et de vérifier si son cours, ainsi que celui des sources et ruisseaux qui y affluent, étaient tenus libres; si l'on avait fait à leurs berges des ouvertures et saignées sans titre légal; en un mot, s'il existait des déperditions d'eau et, dans ce cas, quelle en était la cause. Ils avaient aussi pour mission d'examiner si l'ancienne disposition des déversoirs avait été modifiée; s'il en avait été construit de nouveaux, si les fausses vannes étaient étalonnées et si elles n'avaient pas été surhaussées par des moyens quelconques; enfin, ils devaient signaler toutes les contraventions qu'ils auraient relevées et indiquer les mesures qui leur paraîtraient les plus propres à assurer l'exécution des règlements en vigueur.

Un débordement de la Bièvre, arrivé quelques jours après, et la submersion de ses rives qui en fut la conséquence, empêchèrent, pendant plusieurs mois, ces commissaires de se livrer à leur travail. Ils ne se bornèrent pas d'ailleurs à porter leurs investigations sur la partie du cours d'eau qui leur avait été désignée; ils remontèrent jusqu'à sa source et consignèrent leurs observations et propositions dans un long rapport qu'ils remirent au Préfet, le 2 août 1810.

Ils y faisaient d'abord remarquer que tous les affluents auxquels la Bièvre doit, en quelque sorte, son existence, appartenaient au département de Seine-et-Oise et étaient, à peu près, perdus pour elle, par suite de l'espèce d'abandon dans lequel on les laissait et des divertissements d'eau que s'y permettaient les riverains. Ceux qu'elle recevait, dans le département de la Seine, étaient, il est vrai, mieux entretenus, mais leur volume était si faible qu'elle en retirait peu d'utilité. Son cours, disaient-ils ensuite, présente hors de Paris plusieurs sinuosités qu'il serait facile de faire disparaître, notamment entre Berny et L'Hay; on y gagnerait beaucoup de terrain et les eaux acquerrant plus de rapidité, il s'en perdrait moins par l'évaporation et l'imbibition. Eux aussi regardaient comme très utiles l'encaissement et le pavage des deux bras situés *intra muros*, c'était, pensaient-ils, le seul moyen d'en faire, à peu de frais, le nettoyage périodique et complet. Ils trouvaient également que les moulins du faubourg St-Marcel nuisaient aux nombreuses manufactures du voisinage et étaient une cause permanente d'insalubrité; ils partageaient donc l'avis déjà émis de les supprimer. Quant aux autres, la seule inspection des berges et de quelques vestiges d'anciennes constructions ne leur faisait pas douter que presque tous leurs seuils avaient été indûment relevés; mais les preuves matérielles leur manquaient, à ce sujet, faute de pouvoir consulter les plans de nivellement qui avaient dû servir, en 1725, à fixer leurs hauteurs respectives. Ils considéraient, en outre, que la conservation et l'amélioration de la Bièvre importaient à la chose publique, en contribuant à main-

tenir en activité un grand nombre d'établissements industriels dont les produits alimentaient le commerce, qui lui-même augmentait les revenus de l'État, ils estimaient, dès lors, que le Gouvernement devait subvenir à la dépense des travaux, sauf à en répéter une portion sur les particuliers qui retiraient quelques avantages de l'usage des eaux, mais qu'il n'y avait rien à demander à ceux des riverains auxquels il était rigoureusement interdit et qui, *nouveaux Tantales étaient environnés de sources sans pouvoir en étancher leur soif*. Enfin, ils insistaient pour qu'une seule autorité fût chargée de la police de toute la rivière, attendu que le soin d'y pourvoir laisserait toujours à désirer tant qu'il serait partagé. « La preuve de ce que nous avançons existe au-
» jourd'hui d'une manière bien frappante, ajoutaient-ils, puisque
» M. le Préfet de Seine-et-Oise et M. le Préfet de police, tous deux
» animés du même esprit, tous deux désireux de faire le bien,
» tous deux compatriotes et amis dès l'enfance, ne peuvent par-
» venir séparément au but général qu'ils se proposent[1]. »

Bien que le rapport eût été remis à la commission permanente de la Bièvre, pour avoir son avis, nous ne voyons pas que des mesures aient été prises pour remédier alors à l'état de choses.

Le conseil de salubrité qui, lui aussi, avait eu souvent l'occasion de s'occuper de cet état, y revint encore en 1821. Voici dans quels termes il signalait la situation déplorable que la Bièvre présentait à cette époque :

« Les établissements les plus insalubres formés en grand
» nombre sur cette rivière ne concourent que trop efficacement
» à la corrompre. Des débris de toute espèce y sont déposés ou
» jetés par les blanchisseurs, les tanneurs, les mégissiers, les

---

1. L'un était le conseiller d'État Laumond, et l'autre le comte Dubois.

» teinturiers. La putréfaction de tant de substances étrangères
» est favorisée par la lenteur ou la stagnation des eaux ; et lors-
» que, dans les chaleurs de l'été, les moulins situés dans la par-
» tie inférieure lèvent leurs vannes, l'eau agitée dans sa chute
» par le mouvement des roues laisse échapper les exhalaisons les
» plus fétides et les plus dangereuses. Le curage que l'on fait,
» tous les ans, n'est peut-être qu'un mal de plus. Il est toujours
» incomplet, et n'aboutit guère qu'à faire rejeter sur les rives la
» boue noire et infecte que l'on retire du fond de l'eau. Ces
» boues échauffées par le soleil ne se dessèchent qu'en empoison-
» sant l'air. Est-il rien de plus nuisible et de plus incommode,
» pour la nombreuse population que la nécessité retient dans
» le voisinage, parce qu'elle vit des travaux que la Bièvre ali-
» mente ? »

Ce conseil chargea deux de ses membres, le docteur Pariset et M. Girard, ingénieur en chef du service des Eaux et Égouts de Paris, de présenter leurs vues sur ce qu'il y avait à faire dans cette circonstance. Ils s'en référèrent uniquement aux propositions qui avaient déjà été formulées et qui consistaient, d'abord, à ajouter au débit de la rivière, pendant l'été, en entretenant ses affluents avec soin, et en déversant, dans son lit, le trop plein de quelques-uns des étangs de Versailles; puis, après avoir supprimé les quatre moulins qui entravaient son cours, à en opérer l'encaissement dans l'intérieur de la Capitale et y pratiquer des chasses et des lavages périodiques. La dépense des travaux était évaluée, par aperçu, à 730,000 francs et l'acquisition des moulins à 200,000 francs.

Le Préfet de police crut devoir appeler l'attention du Ministre de l'Intérieur sur cet intéressant objet. La première et la plus utile amélioration qui puisse être apportée à l'état de la Bièvre, lui disait-il, est dans une augmentation constante du volume de ses eaux. Pour y arriver, plusieurs moyens se présentent, mais ils exigent le concours de tous les efforts et de toutes les volontés des riverains. Cette vérité établie, le meilleur régime à adopter en ressort tout naturellement. Un syndicat, dont les membres seraient pris dans les deux départements et qui étudierait les besoins, apprécierait les ressources, proposerait les sacrifices et en ferait une juste répartition entre tous les intéressés, devait, suivant lui, conduire sûrement à la solution du problème ; il était, en conséquence, d'avis de provoquer une ordonnance royale qui l'instituât et en déterminât les attributions.

Il exposa plus tard, au même Ministre, la nécessité de pourvoir, sans délai, à l'assainissement du cours d'eau, du moins dans la traversée de Paris, lui fit connaître les propositions faites dans ce but et le pria d'intervenir auprès du Préfet de la Seine pour que le conseil municipal fût promptement appelé à délibérer sur les voies et moyens d'exécution.

Son collègue, qui avait eu connaissance du rapport du conseil de salubrité, avait déjà demandé à l'Ingénieur qui dirigeait le service d'assainissement qui venait d'être créé, d'étudier comment on pourrait réaliser les améliorations sollicitées. Il fallait commencer par la suppression des moulins. Depuis longtemps on avait cessé d'y moudre du blé : dans le premier, celui de Croulebarbe, était établie une tréfilerie ; le second, appelé le moulin Fidèle, et qui avait appartenu autrefois au Chapitre de St-Marcel, mettait en mouvement des machines à pulvériser du charbon animal pour les raffineries de sucre ; le troisième, qui de temps immémorial portait le nom de Copeau, contenait une fabrique de vermicelle ; enfin, le quatrième et dernier, situé près du ponceau de l'hôpital général, était devenu un moulin à papier.

Une société composée de MM. Salleron, Marcelot et Rougevin, qui avait acquis l'ancien couvent des Cordelières et plusieurs terrains contigus sur lesquels elle se proposait d'ouvrir quelques rues, avait un grand intérêt à l'exécution de travaux qui devaient changer complètement la physionomie de tout ce quartier. En attendant, et afin d'empêcher que les détenteurs des usines n'élevassent des prétentions exagérées lorsqu'ils apprendraient que l'administration tenait absolument à leur suppression, elle s'en rendit immédiatement maîtresse moyennant 450,000 francs, y compris les indemnités locatives, et offrit à la Ville de les lui céder au même prix, ce qui fut accepté par le conseil municipal, dans une délibération du 1er février 1826, que le Ministre de l'Intérieur sanctionna le 15 avril suivant. Cette acquisition est revenue, en définitive, avec les frais d'enregistrement et autres, à la somme de 517,233 fr. 24. Il y a donc eu de ce chef, un mécompte considérable, malgré les précautions prises pour l'éviter.

Le plus grand obstacle à l'assainissement si vivement désiré, se trouvant ainsi levé, le Préfet de la Seine soumit à l'autorité supérieure le projet qui en avait été préparé longtemps auparavant. Ce projet qui avait reçu, le 3 juillet 1826, l'assentiment du conseil municipal et dont la dépense était évaluée à 1,500,000 francs, consistait : 1° à encaisser par des murs en maçonnerie construits suivant des alignements réguliers, raccordés par des courbes, le lit des deux bras de la rivière dans l'intérieur de Paris; 2° à régler le fond de la cunette maçonnée, suivant des pentes uniformes et aussi rapides que possible; 3° à diviser le canal formé par les murs d'encaissement en plusieurs biefs avec barrages et déversoirs pour retenir les eaux aussi longtemps qu'il serait nécessaire et que l'on ouvrirait ensuite pour en procurer l'évacuation ; 4° à ménager une réserve d'eau au dessus du boulevard des Gobelins pour faire des chasses, lorsque les biefs seraient vidés[1]; 5° enfin, à empêcher l'arrivée, dans la Bièvre, des eaux sales et des immondices qu'y amenaient plusieurs égouts. Ce même projet comprenait, en outre, la reconstruction en maçonnerie des ponts des rues Pascal et du jardin du Roi qui étaient en bois et en fort mauvais état. Le Directeur général des Ponts et Chaussées le revêtit de son approbation, le 2 juin 1828.

La première pierre fut posée, avec quelque solennité, le 4 novembre suivant, jour de la fête du Roi Charles X. — M. Chabrol, qui en présida la cérémonie, prononça à ce sujet un discours dont nous extrayons ce qui suit :

« L'insalubrité des eaux de la Bièvre, dans Paris, menaçait
» depuis longtemps l'état sanitaire de ce quartier industrieux.
» De toutes parts on réclamait l'assainissement de cette rivière.
» La nécessité d'une entreprise aussi éminemment utile n'avait
» pas échappé à la sollicitude de l'administration et les travaux
» auraient devancé les vœux du public, si les difficultés inhé-
» rentes à la nature même de l'opération n'en avaient retardé
» l'accomplissement. Si le bien se fait lentement, c'est que sou-
» vent aussi des causes inaperçues entravent les efforts les plus
» généreux.

» Les nombreux établissements industriels qui se partagent
» la jouissance des eaux de la Bièvre, la variété de leur position,
» la diversité de leurs intérêts et le respect dû à la propriété,
» sous l'égide de nos lois protectrices, opposaient de graves ob-
» stacles à l'action administrative sur un cours d'eau placé hors
» du domaine public. Il fallait l'assentiment unanime et le con-
» cours direct des propriétaires riverains. D'un autre côté, les
» propriétés qui bordent cette rivière devant recueillir, par un

---

1. Le bassin qui devait contenir cette réserve d'eau n'a pas été exécuté.

» accroissement de valeur, les premiers avantages de son assai-
» nissement, il était juste d'exiger de l'intérêt particulier une
» contribution proportionnelle dans les sacrifices que réclamait
» l'intérêt général.

» C'est dans les entraves de ces conditions puissantes que
» s'est présenté d'abord le difficile problème de l'amélioration de
» la Bièvre : il a fallu négocier, pour ainsi dire, avec les riverains,
» le projet de ces travaux et pourvoir à leur exécution en con-
» ciliant tous les intérêts. Grâce à l'excellent esprit qui anime
» ces propriétaires et leur amour du bien public ; grâce au zèle
» éclairé du premier fonctionnaire de cet arrondissement[1], le
» succès de cette négociation a été complet et tous les intérêts se
» sont associés pour un si heureux accord. »

Les travaux furent immédiatement commencés, mais les événements de 1830 leur imposèrent un temps d'arrêt. Ils furent
repris en 1833, après que le projet eût subi une modification
consistant à transformer en un canal voûté la partie inférieure
de la rivière, depuis le boulevard de l'Hôpital jusqu'à son embouchure, et à y rejeter le produit des égouts latéraux, tant de
droite que de gauche, au lieu de les déverser directement dans
la Seine. Les travaux furent encore suspendus lorsqu'il fallut
élargir ou redresser, sur plusieurs points, le lit du cours d'eau
et procéder, à cet effet, à des emprises de terrain, l'administration n'étant pas alors suffisamment armée pour vaincre quelques résistances qui lui furent opposées.

Le Préfet ne mettait pas en doute, ainsi que le conseil municipal, que le lit et les francs bords des rivières qui, comme la
Bièvre, ne sont ni navigables ni flottables, n'appartinssent aux
riverains. En conséquence, bien que les travaux eussent princi-

---

1. Ce fonctionnaire était M. Jean-Denis-Marie Cochin.

palement pour objet la salubrité de tout un quartier de Paris, ils leur déniaient le caractère d'utilité publique communale, et, considérant que, dans l'espèce, il s'agissait de s'emparer de propriétés privées pour les incorporer à d'autres propriétés privées, ils pensaient qu'une loi spéciale était indispensable pour régler l'action de l'administration. La commission d'enquête proposait d'ailleurs d'insérer dans cette loi des dispositions tout à fait inadmissibles, celle, par exemple, de déférer au conseil de préfecture le règlement des indemnités foncières et de décider que ses jugements seraient sans appel. M. Thiers, alors Ministre de l'Intérieur, objectait que rien n'était moins démontré que les petits cours d'eau fussent la propriété des riverains ; que, dans tous les cas, il était difficile de concevoir qu'une opération pour laquelle la Ville s'imposait de si grands sacrifices fût dégagée de tous rapports directs à l'intérêt communal ; il en concluait qu'elle avait le droit d'exproprier les terrains nécessaires à cette opération, en se conformant à la loi du 7 juillet 1833. C'est effectivement dans ce sens que l'instruction de l'affaire fut poursuivie.

En conséquence, lorsque le conseil municipal en eut délibéré de nouveau, il intervint, le 20 juillet 1840, une ordonnance royale qui déclara d'utilité publique les travaux projetés, pour être exécutés suivant les plans qui avaient servi de base à l'enquête, et disposa que, lorsqu'ils seraient terminés, on pourvoirait, par un règlement d'administration publique, aux frais, tant du curage et d'entretien du nouveau lit de la rivière, que des ouvrages d'art y correspondant; mais ce règlement est encore à venir. Il serait d'ailleurs sans objet, maintenant que l'on est décidé à supprimer cette partie du cours d'eau ou à la transformer en un égout couvert.

En vertu de ces mêmes plans, on a donné 3 mètres de largeur au canal, tant de la rivière vive que de la rivière morte, depuis leur entrée dans Paris jusqu'à leur jonction près de la rue Mouffetard, et 4 mètres à partir du point où elles sont réunies, sauf dans le bout qui était déjà voûté, où 3 mètres ont paru suffisants. La largeur des berges ou francs-bords a été fixée à 4 mètres libres de toute construction, de chaque côté de l'un et l'autre canal, excepté pour la rive droite de la rigole dite des Gobelins, où cette largeur a été réduite à 1^m,50.

Les travaux n'ont été complètement terminés qu'en 1844, la dépense en est revenue, avec les indemnités de terrains, à 985,555 fr. 13, ou mieux, à 1,502,788 fr. 37, y compris l'acquisition des moulins. A partir de 1831, un crédit a été porté, chaque année, au budget municipal, pour l'entretien des ouvrages.

Le Préfet de la Seine n'avait pas laissé ignorer à son collègue que le plus sûr moyen de décider la Ville à faire des fonds pour cette grande opération était que les riverains et industriels y participassent largement. Le Préfet de police lui avait répondu, le 13 septembre 1824, qu'il avait fait sonder leurs intentions, à ce sujet, et qu'il pensait que l'administration pouvait compter sur un concours du tiers de la dépense[1]. Le conseil municipal, en adoptant le projet des travaux, avait donc demandé qu'ils y contribuassent pour 500,000 francs. Ils s'étaient d'abord récriés contre l'élévation de cette somme qui présentait, suivant eux, 71 fr. 22 par mètre courant de rive, cependant, ils avaient fini par consentir à la donner, et lors de la cérémonie du 4 novembre 1828, M. Chabrol les avait remerciés d'avoir puissamment coopéré, par là, au succès de l'entreprise. Mais, lorsqu'ils

---

1. D'après un recensement fait par le commissaire de police du quartier St-Marcel, le nombre des industriels établis le long de la Bièvre, dans Paris, était alors de 58 savoir : 27 tanneurs, 8 mégissiers, 7 blanchisseurs, 5 fabricants de divers produits, 4 maroquiniers, 4 jardiniers, 2 brasseurs et 1 seul teinturier.

eurent appris que la propriété du lit et des francs-bords de la rivière leur était contestée, et que, contrairement à ce qu'on leur avait fait entendre, ils ne seraient pas dispensés du payement d'un curage annuel, ils restreignirent considérablement le chiffre de leurs offres. Après plusieurs discussions qu'il serait trop long de rapporter, l'ordonnance royale du 20 juillet 1840 réduisit définitivement leur contingent au quinzième de la dépense, et, par une délibération du 5 février 1841, le conseil municipal en fixa invariablement le montant à 100,000 francs, somme qui a été ultérieurement recouvrée.

Une seconde modification a été apportée au projet primitif des travaux. Comme la partie inférieure de la Bièvre, déjà convertie en un égout couvert, débouchait en Seine, précisément sur l'emplacement du bas port que le service de la navigation construisait, en 1844, à l'amont du pont d'Austerlitz, ce service l'a détournée et en a rapproché l'embouchure beaucoup plus près dudit pont.

Depuis que la Bièvre, ainsi que nous le disons dans le paragraphe suivant, tombe dans le grand collecteur de la rive gauche de la Seine, cette portion d'égout ne sert plus guère qu'à l'écoulement des eaux de la cour dépendant de la gare du chemin de fer d'Orléans.

§ VI

La canalisation opérée dans la traversée de Paris avait certainement contribué pour beaucoup à l'assainissement de la Bièvre; mais, afin que l'amélioration fût complète, il fallait augmenter le volume des eaux qu'elle débite ordinairement, surtout pendant l'été, où ce volume est si faible. Il paraissait donc opportun de mettre à exécution la pensée, souvent exprimée, de recourir, dans ce but, aux étangs de Versailles. A la demande qui lui en fut faite, l'administration des biens de la Couronne répondit qu'elle ne pouvait consentir à la concession formelle d'aucune partie de leurs eaux, que, néanmoins, elle était disposée à permettre qu'une certaine quantité vînt grossir celles de la rivière, toutes les fois que la situation des étangs ne s'y opposerait pas.

En effet, soit que cédant aux sollicitations de quelques usiniers, soit que voulant se défaire d'un trop plein qui l'embarrassait, soit pour toute autre cause, il est certain que cette administration faisait faire, de temps en temps, des lâchures dans la Bièvre.

Aussi, M. Mary, inspecteur général des Ponts et Chaussées, rapporteur d'une commission chargée, en 1852, d'indiquer les moyens d'assurer à la ville de Versailles les eaux qui lui étaient nécessaires, disait-il que, dans de certaines années, les étangs servent à assainir la vallée de la Bièvre, en y versant, tout à coup, une quantité assez abondante de leurs eaux pour remplacer

celles qu'avaient infectées les déjections des buanderies, des tanneries et autres établissements insalubres existant sur les bords de la rivière. Il ajoutait : « Ce service, rendu par les
» étangs, n'a jamais été régularisé. Mais, quand on connaîtra
» parfaitement les ressources de l'approvisionnement et les
» besoins de la consommation de Versailles, surtout quand on
» aura établi à Marly de bonnes et puissantes machines, on
» pourra faire servir plus efficacement ces approvisionnements
» d'eau à un assainissement vivement désiré par l'administra-
» tion municipale de la ville de Paris et par les conseils géné-
» raux de la Seine et de Seine-et-Oise. »

En attendant, François Arago qui présida longtemps le conseil général de la Seine avait, dès l'année 1835, suggéré l'idée de suppléer à la disette des eaux de la Bièvre, à l'aide de petits puits artésiens jaillissants. La tentative qui en fut faite, quelque temps après, au pied des coteaux de Fresnes et de Rungis, à travers les glaises et les terrains gypseux, eut un plein succès. Quinze puits forés, plus tard, avec une faible dépense et à peu de profondeur, sur le territoire de L'Hay, donnaient ensemble, en 1846, un produit de 1596 litres d'eau, par minute : quantité à peu près égale à celle que débite la Bièvre, en temps d'étiage. Malheureusement on ne tarda pas à s'apercevoir qu'à mesure que l'on effectuait de nouveaux sondages, les anciens rendaient beaucoup moins. L'arrivée des eaux croissait et décroissait d'une façon considérable, sans une règle constante, non seulement aux diverses époques de l'année, mais même dans l'espace d'un seul jour. Enfin, ils finirent les uns et les autres par se tarir tout à fait, soit par suite de l'épuisement de la nappe souterraine qui les alimentait, soit pour d'autres causes restées inconnues. En sorte que l'on perdit les avantages que l'on comptait tirer de ce nouvel expédient.

Bien qu'un résultat si fâcheux ne fût pas prévu, l'administration, considérant que l'augmentation de débit qu'eût procuré le forage des puits artésiens eût été loin de satisfaire aux nécessités d'un assainissement complet et aux besoins impérieux des usines pendant la majeure partie de l'année, avait fait étudier, par les ingénieurs des Ponts et Chaussées du département de la Seine, le projet d'un vaste réservoir destiné à contenir un volume d'eau d'environ 600,000 mètres cubes et dont on eût disposé à volonté. On se proposait de rendre, par ce moyen, le régime de la rivière moins irrégulier, et les industries qu'elle faisait vivre n'auraient plus eu à subir le chômage que la sécheresse leur imposait.

Ce réservoir eût été établi un peu au-dessus du village de Buc. Il devait être alimenté tant par les eaux pluviales descendant des coteaux voisins que par celles du trop plein de l'étang de St-Quentin. La dépense en était évaluée primitivement à 420,000 francs, y compris la valeur des terrains à acquérir; mais, par suite de quelques modifications ultérieures et d'appréciations plus rigoureuses, l'estimation en fut portée à 500,000 francs. Le Conseil général de la Seine avait donné son assentiment au projet, en demandant toutefois que les usiniers et les industriels des deux départements fussent appelés à contribuer dans les frais de son exécution; il avait même été soumis, en 1848, à la sanction du Ministre des Travaux publics, mais il est resté sans être approuvé ni formellement rejeté.

Les ingénieurs ne se dissimulaient pas, il est vrai, qu'il présentait quelque chance d'insuccès, attendu que le sol sur lequel le bassin devait reposer étant sablonneux, il était à craindre que des filtrations et surtout des siphonnements, en pénétrant sous la digue, ne vinssent bientôt à en amener la ruine. D'ailleurs, il n'était pas possible de bien juger quelle perte on subirait à Paris, sur un volume de 200 pouces d'eau fourni, dans un temps de sécheresse, par un étang situé à 36 kilomètres en amont, cette eau ayant à franchir 21 moulins, sans compter de vastes prairies qui, il n'était pas douteux, en disposeraient à son passage. Enfin, on se disait qu'il serait regrettable de se livrer aux dépenses de la création d'une nouvelle retenue, sans avoir la certitude de réussir, quand on possédait déjà des étangs éprouvés par un long usage et dans lesquels il était facile de faire immédiatement l'essai du système que l'on désirait inaugurer.

C'est probablement pour ces motifs que l'entreprise n'a pas abouti.

Notons ici que les frais auxquels avait donné lieu l'étude du projet et ceux faits, tant pour la recherche de nouvelles sources que pour le forage et l'entretien des puits artésiens, ont coûté 116,742 fr. 73.

Les améliorations que réclamait depuis si longtemps la situation de la Bièvre, dans le département de la Seine, se trouvant ainsi ajournées de nouveau, la Société nationale d'agriculture de Seine-et-Oise proposa, en 1851, d'y pourvoir par des drainages qu'on aurait opéré près de ses bords et le long de ses principaux affluents. On prétendait que, d'après la constitution géologique du sol et les essais qui avaient déjà été tentés, la réussite de ce procédé n'était pas douteuse. On assurait qu'il augmenterait considérablement la masse des eaux courantes et la force motrice des usines qu'elles font mouvoir ; que, par suite, il contribuerait puissamment à l'assainissement de la vallée et de l'un des quartiers les plus populeux de Paris ; qu'il aurait, en outre, pour effet certain de donner une plus-value à des terrains qui, la plupart aujourd'hui improductifs ou sur lesquels on ne récolte que des foins de mauvaise qualité, pourraient être livrés ultérieurement à la culture et porter de riches moissons.

Les ingénieurs firent remarquer qu'une partie des eaux de pluie, en s'écoulant à la surface du sol, va grossir immédiatement les cours d'eau voisins, tandis que l'autre partie, en s'infiltrant, peu à peu, dans les terres, y crée des réservoirs d'où elle s'échappe ensuite lentement pour former des sources et des ruisseaux ; qu'il importe donc de multiplier ces sortes de magasins naturels en favorisant, autant que possible, la stagnation des eaux sur les plateaux argileux et dans les bas-fonds marécageux, qu'un drainage irait directement contre ce but, attendu que, s'il donnait une plus-value aux terrains qui seraient desséchés, loin d'augmenter le volume des eaux de la Bièvre, il ne ferait que le diminuer et accroître ainsi l'inégalité de son régime. Le Conseil général du département partagea cet avis, en conséquence, il refusa de se prêter à l'expérience pour laquelle on lui demandait de voter des fonds.

C'est alors que l'administration du domaine de la Couronne pensant que, d'après les additions et les perfectionnements qui venaient d'être apportés à la machine de Marly, le service hydraulique de Versailles n'aurait plus besoin, comme on l'avait prévu en 1852, de toutes les eaux retenues dans ses étangs, jugea que le moment était venu d'en concéder une partie pour régulariser le régime de la Bièvre, à la condition d'obtenir une rémunération qui compensât les frais qu'elle aurait à faire, afin de mettre ces réservoirs en bon état et de les conserver pour un usage autre que le sien.

Ces propositions, ayant reçu un accueil favorable de la part d'une commission que présida le célèbre chimiste J.-B. Dumas, de l'Institut, et dont un autre savant, le vénérable Chevreul, faisait partie, le Préfet de la Seine débattit, avec le représentant de la Liste civile, les bases du traité à intervenir et les fit ensuite agréer par le Conseil général du département.

Suivant ce traité, qui fut signé le 17 octobre 1860, elle s'engageait à verser, chaque année, dans la Bièvre, la quantité de 1,500,000 mètres cubes d'eau livrables à raison de 10,000 mètres par 24 heures, depuis le 15 mai jusqu'au 15 octobre inclusivement. De son côté, le département de la Seine s'obligeait à lui allouer une subvention de 200,000 francs, une fois payée, et une redevance annuelle de 2,500 francs. Les lâchures devaient commencer le 16 mai 1861 ; chaque jour d'interruption donnait lieu, sur la redevance, à une retenue de 83 fr. 33.

L'administration du domaine de la Couronne se réservait de réclamer d'autres subventions soit de l'État, soit du département de Seine-et-Oise, mais il paraît qu'elle n'en fit rien.

La prise d'eau eut lieu à l'étang de St-Quentin, situé à environ 3 kilomètres au-dessus de la source de la rivière. Indépendamment de la rigole qu'il fallut établir, la dérivation comportait une cuvette de jauge précédée d'un puits renfermant le robinet-vanne servant à régler la sortie des eaux de l'étang et suivie d'un bassin demi-circulaire où la rigole prenait son origine. Tous ces travaux sont revenus à la somme de 17,151 fr. 01, y compris 1,000 francs pour une indemnité de dommage.

Dans l'intervalle de 1861 à 1869, il y a eu trois années où le déversement n'a pas été fait et où, par conséquent, la redevance n'a pas été allouée. En 1870, tous les biens de la Couronne ayant fait retour à l'État, celui-ci, n'étant pas tenu des obligations personnelles contractées par la Liste civile, n'a pas voulu reconnaître l'engagement qu'elle avait pris ; or, comme il prétendait que les eaux des étangs suffisaient à peine au service hydraulique de Versailles, il a refusé de continuer à en donner une partie à la Bièvre. Le Département a introduit alors contre l'ex-impératrice et son fils une action tendant à l'annulation du traité et au remboursement des sommes qu'il avait payées.

Par un jugement, en date du 25 avril 1877, le tribunal civil de la Seine, attendu que ce traité ne pouvait être considéré ni comme un bail, ni comme un louage de service, ni comme une vente de produits ; qu'il constituait, au contraire, une véritable aliénation des biens de la Couronne, tandis que le souverain n'avait eu sur ces biens qu'un simple usufruit, a prononcé l'annulation sollicitée ; mais il n'a condamné les défendeurs qu'à la restitution de la subvention de 200,000 francs avec les intérêts de droit.

La cour d'appel ayant confirmé le jugement, ceux-ci bien que s'étant pourvus en cassation, se sont exécutés, en 1880, par le versement de la somme de 254,527 fr. 78. Leur pourvoi a d'ailleurs été rejeté ultérieurement.

Tout en gagnant son procès, le Département n'a pas moins eu à sa charge une partie des frais de la procédure et les honoraires tant de son avoué que de son avocat, le tout s'élevant à 5,426 fr. 11. Cette somme, avec les frais d'établissement de la prise d'eau et les annuités payées, a constitué une dépense de 37,577 fr. 12 dont il n'a tiré que bien peu de profit.

On avait eu principalement en vue, en traitant avec la Liste civile, d'assainir la partie inférieure de la Bièvre, surtout dans le quartier St-Marcel. Ce moyen ayant fait défaut, elle y est restée ce qu'elle était auparavant, un ruisseau fangeux, continuellement chargé de matières organiques en putréfaction.

Depuis que le nombre des artisans qui tiennent encore à se servir de ses eaux diminue progressivement, l'administration municipale a reconnu que les légers avantages qu'elle offre maintenant à l'industrie étaient loin de compenser les inconvénients qu'elle présente sous le rapport de la salubrité publique, aussi a-t-elle résolu, soit de la combler, peu à peu, soit de la convertir en un égout couvert. En attendant, elle a cherché, comme on y avait déjà songé en 1626[1], à éviter qu'elle continuât à infecter la Seine, dans la traversée de Paris.

Afin d'obtenir ce résultat elle se proposait, il y a une quarantaine d'années, d'établir sous le chemin de halage, un égout qui l'aurait prise à son embouchure, près du pont d'Austerlitz et l'aurait conduite au delà de Chaillot. Cet égout était même exécuté, entre le pont de la Tournelle et le pont du Carrousel, lorsqu'on s'aperçut qu'il n'atteindrait pas le but principal auquel il était destiné, attendu que son radier se trouverait trop bas et que les eaux y seraient refoulées par celles du fleuve, lors des grandes crues; en conséquence, il n'a pas été achevé. Toutefois, on ne l'a pas démoli et on l'utilise, tel quel, à un autre usage.

Plus tard, la construction du collecteur de la rive gauche parut propre à la réussite du projet. A cet effet, l'origine de ce grand exutoire a été portée à la rue Geoffroy-St-Hilaire; la Bièvre s'y arrête et, depuis 1868, il la reçoit dans son canal. Mais, comme on n'a pu décider quelques industriels installés plus bas à renoncer aux eaux qu'elle leur fournissait, on leur en envoie provisoirement une certaine quantité, à l'aide d'une buse. La partie qui n'est pas consommée est ensuite ramenée vers son point de départ, au moyen de l'égout de la rue de Buffon. Quand on craint que le collecteur ne soit trop chargé, ce qui a lieu quelquefois, on la déverse dans la Seine, devant la pompe à feu du quai d'Austerlitz.

On sait que ce collecteur, après avoir cheminé sous les rues Geoffroy-St-Hilaire et Linné, suit celles de Jussieu, des Écoles et

---

1. Voir ci-dessus, page 28.

de Monge, continue sa route par les boulevards St-Germain et St-Michel, prend ensuite la ligne des quais jusqu'au pont de l'Alma, franchit la Seine en siphon et va rejoindre le collecteur de la rive droite qui se jette dans le fleuve, à Asnières.

Lorsque les eaux y sont très élevées, une partie s'en écoule dans un branchement qui part du bas de la rue Monge, traverse la place Maubert et débouche dans l'égout du chemin de halage, un peu au-dessous du pont de l'Archevêché.

Le grave accident arrivé près de ce pont, dans la soirée du 28 juin 1885, à la suite d'une pluie torrentielle qu'accompagnait un violent orage, paraît devoir être attribué à ce que les eaux venant avec impétuosité dans ledit égout ont fait écrouler ses murs et renversé la berge, sur une grande longueur. Si la Bièvre n'a pas été la cause exclusive de ce sinistre, elle y a du moins contribué pour beaucoup, puisque ses eaux, avons-nous dit, sont mêlées à celles que reçoit le collecteur de la rive gauche.

Cependant, la Ville poursuit toujours sa première idée, et le moment n'est probablement pas éloigné où l'on ne verra plus aucune trace du passage de la Bièvre dans Paris. Déjà, à raison de la transformation qu'on a commencé à lui faire subir, les riverains et les industriels ont cessé, depuis 1884, d'être appelés à contribuer dans la dépense du curage des tronçons demeurés à ciel ouvert, et nous avons dit que les blanchisseuses avaient enlevé tous les tonneaux qui séjournaient sur ses bords. Il faut donc la considérer, dès à présent, comme n'étant plus à l'état d'un cours d'eau naturel qu'en amont des fortifications. En conséquence, le peu qui nous reste à en dire ne s'appliquera qu'à la partie située *extra muros*.

§ VII

Lorsque le Préfet de la Seine délivrait la permission d'élever ou de réparer une construction, sur les bords de la Bièvre hors de Paris, il faisait connaître à l'impétrant les conditions générales auxquelles il aurait à se conformer. Afin de n'avoir pas à répéter constamment ces conditions, il les réunit, le 3 juillet 1852, dans un arrêté qu'on imprima à la suite des autorisations[1].

En examinant les pièces d'un pourvoi formé par un nommé Didier, à raison de certaine obligation exigée de lui pour l'établissement d'un mur qui devait intercepter le marchepied de la rivière, pourvoi dont il sera question dans le paragraphe suivant, le Ministre des Travaux publics remarqua des différences notables entre ledit arrêté et l'ordonnance royale qui régit ce cours d'eau, en Seine-et-Oise. Ces anomalies lui ayant paru regrettables, il avait demandé, le 6 mai 1863, que les ingénieurs des deux départements entrassent en conférence dans le but de préparer, pour toute la Bièvre, le projet d'un règlement uniforme.

Mais, le Préfet de Seine-et-Oise ayant fait des représentations sur la convenance de maintenir, dans leur intégrité, les dispotions de l'ordonnance précitée, le Ministre n'a pas insisté et les choses sont restées ce qu'elles étaient. Les mesures prises par le Préfet de la Seine continuent donc à être observées.

---

1. Il est inséré dans le *Recueil de règlements sur l'assainissement de Paris.*

Nous ferons d'ailleurs remarquer qu'il s'est borné, dans son arrêté, à reproduire, sans les modifier, les dispositions de l'arrêt du Conseil du 26 février 1732 et qu'il n'a fait que convertir en mètres des dimensions qui y sont exprimées en toises. Il est vrai qu'il n'y tolère un mur de l'espèce dont il s'agit qu'autant qu'on y mettra une porte que les agents de l'administration pourront ouvrir à volonté, tandis que l'ordonnance royale, d'accord avec ledit arrêt, énonce seulement que les riverains donneront passage sur leurs terrains à ces mêmes agents, mais il n'a fait que suivre, en cela, ce qui se pratiquait autrefois, ainsi que le témoignent plusieurs sentences de la maîtrise de Paris, et dont la dernière a été rendue, le 20 janvier 1783, dans une affaire Boulard.

En 1867, plusieurs habitants des communes où passe la Bièvre appelèrent l'attention de l'autorité supérieure sur l'état d'infection de cette rivière, état qu'ils attribuaient particulièrement au déversement des eaux de travail d'une féculerie située à Antony. Sans nier que ce ne fût là une des causes du mal, les ingénieurs firent remarquer qu'il tenait surtout à ce qu'elle recevait, plus ou moins directement, les déjections des nombreux établissements industriels qui occupent ses bords, en même temps que celles des égouts et ruisseaux des localités voisines. Les matières susceptibles de putréfaction qui y étaient ainsi entraînées, pénétraient, disaient-ils, de toutes parts, dans ses rives terreuses; les dépôts vaseux, formés en abondance au fond de son lit, en étaient également imprégnés, et leur décomposition spontanée atteignait un tel degré, sous certaines influences atmosphériques, que l'infection générale du cours d'eau en était une suite inévitable.

Comme il leur semblait qu'on ne pourrait jamais empêcher, d'une manière absolue, tout déversement d'eaux insalubres sans nuire à une foule d'intérêts et que d'ailleurs l'expérience démontrait la difficulté d'obtenir que ces eaux fussent complètement épurées avant leur projection, ils estimaient qu'il fallait se résigner à subir les inconvénients signalés, sauf à les atténuer, dans la mesure du possible. En conséquence, ils étaient d'avis de traiter la Bièvre, *extra muros*, ainsi qu'elle l'avait été autrefois dans Paris, c'est-à-dire de la canaliser.

Le Sénat, qui avait été saisi de la pétition des plaignants et l'avait examinée avec soin, pensait que ces propositions devaient être adoptées; et, dans sa séance du 12 mai 1870, il en avait recommandé l'exécution aux Ministres de l'Intérieur et des Travaux publics. Mais les douloureux événements qui survinrent presque aussitôt firent perdre cette affaire de vue.

Quelques années après, les riverains de la Bièvre formulèrent des plaintes d'une autre nature. Ils prétendirent que, depuis 1732, le développement de l'industrie et l'accroissement du nombre des habitations élevées près de cette rivière, joints aux pavages exécutés, tant sur les routes que dans les centres de population du voisinage, avaient eu pour conséquence de faire du cours d'eau le réceptacle d'une bien plus grande quantité d'immondices qu'au siècle dernier. Il en résultait, suivant eux, une augmentation considérable des frais de curage, augmentation qu'il n'était pas juste de leur faire supporter. Ces réclamations furent prises en considération et l'administration fit étudier les modifications qu'il serait nécessaire d'introduire dans le règlement du 26 février 1732 pour leur donner satisfaction.

L'un des effets de la canalisation, si elle eût été exécutée, aurait été de réduire notablement les frais dont il s'agit, mais comme le projet en paraissait abandonné, bien qu'il eût beaucoup de partisans, les ingénieurs proposèrent un autre moyen d'atteindre le but. Il a consisté dans la construction d'un égout latéral à la rivière, recueillant les eaux ménagères, industrielles et autres qui y étaient déversées auparavant, et les conduisant dans le collecteur de la rue Geoffroy-St-Hilaire. Il part à une centaine de mètres plus bas que le moulin de Cachant, suit, sur la rive gauche de la Bièvre, les voies publiques d'Arcueil et de Gentilly qui lui sont sensiblement parallèles et emprunte deux fois la rivière morte. Il pénètre ensuite dans Paris, passe sous le chemin des Peupliers, qui a été prolongé exprès pour le recevoir, et de là, sous la rue du Moulin-des-Prés, le boulevard des Gobelins, la place d'Italie, le boulevard de l'Hôpital et la rue Duméril, jusqu'au boulevard St-Marcel.

Son tracé est dirigé de telle sorte qu'on a pu, après avoir démoli le vieux moulin dit des Prés, supprimer plusieurs parties tant de la rivière vive que de la rivière morte, dans le pourtour de la Butte-aux-Cailles.

Les dispositions en ont été approuvées par le Conseil général de la Seine, dans une délibération du 6 décembre 1876. Les travaux commencés l'année suivante ont été terminés en 1880. Le Département en a pris les frais à sa charge. Ils se sont élevés, avec ceux de l'étude du projet et les indemnités de terrains et de dommages, à 1,528,409 fr. 10, somme considérable et que sont loin de compenser les améliorations réalisées.

Si l'on ajoute à ce chiffre les autres dépenses dont nous avons parlé plus haut, on trouvera que, depuis 1837, le département de la Seine s'est imposé, en vue de rendre plus parfait le cours de la Bièvre, le sacrifice énorme de 1,682,728 fr. 95[1], pour n'arriver, en définitive, qu'à un bien médiocre résultat. Il est vrai que le produit de la taxe des tonneaux de blanchisseuses

---

1. Nous ne comprenons pas les frais de curage, dans cette somme, attendu qu'ils ne figurent, sur les comptes, qu'à titre d'avance.

lui a offert quelque dédommagement, mais il a été bien minime comparativement aux dépenses. En effet, ce produit n'a été que de 18,732 francs pour les treize années qui viennent de s'écouler, soit en moyenne de 1,441 francs, et nous avons déjà vu qu'il allait constamment en diminuant.

Depuis que fonctionne l'égout latéral à la Bièvre, elle ne reçoit plus les eaux souillées qu'on y laissait écouler et qui, d'après le dire des riverains, en rendaient le curage plus dispendieux qu'autrefois. Les plaintes qu'ils avaient élevées étant devenues sans objet, et les petits cours d'eau étant maintenant dans les attributions du Ministre de l'Agriculture, le 25 novembre 1884, ce Ministre, alors M. Méline, a décidé qu'il n'y avait plus à s'occuper de ces plaintes ni des modifications demandées pour y faire droit, à l'arrêt du Conseil du 26 février 1732, et que cet arrêt devait, en conséquence, continuer à recevoir son exécution.

Ainsi sont restées en suspens les propositions faites, à plusieurs reprises, depuis près de 50 ans, pour réformer ou mieux, cesser d'appliquer, dans le département de la Seine, ce règlement suranné et dont la plupart des prescriptions n'ont plus leur raison d'être, ou sont en désaccord avec l'état actuel des lieux et le nouvel ordre introduit dans la législation; tandis que, depuis 1842, une ordonnance royale qui lui est bien préférable, règlemente la rivière de Bièvre, dans Seine-et-Oise, à la satisfaction des autorités locales.

§ VIII ET DERNIER

Il nous paraît utile de compléter cette notice par quelques observations sur la propriété des rivières qui ne sont ni navigables ni flottables ; nous les ferons suivre d'un résumé de l'état actuel de la législation et de la jurisprudence concernant ces petits cours d'eau.

En vertu des principes du droit auquel étaient soumis les Romains et qui forme aujourd'hui la base principale des législations modernes, il est constant que le peuple, c'est-à-dire la souveraineté publique qu'il représentait, avait la propriété de toutes les rivières et de leur lit.

Après la chute de leur empire, cette souveraineté fut, en France, divisée entre le Monarque et les seigneurs haut-justiciers. Nous ne chercherons pas si le partage était le fait d'une usurpation ou la conséquence de l'état moral et social des peuples, nous dirons seulement que, notamment, la propriété des cours d'eau suivit la même condition ; les grandes rivières, servant aux usages multiples de tous les régnicoles, appartinrent au Roi ; les petites, d'une utilité plus restreinte, étaient réputées aux suzerains dont elles arrosaient les terres.

A la Révolution, les grandes comme les petites rivières revinrent naturellement aux mains de l'État qui, par suite de l'abolition des seigneuries, décrétée le 4 août 1789, résumait en lui la souveraineté nationale ; aussi, toutes sans exception, furent-elles mises, par la loi des 22 décembre 1789-10 janvier 1790, au nombre des choses communes à la conservation desquelles devaient veiller les administrations départementales.

L'article 538 du Code civil ayant déclaré, plus tard, que celles qui étaient navigables et flottables dépendaient du domaine public, sans s'expliquer sur les autres, plusieurs auteurs en inférèrent que ces dernières étaient susceptibles d'une propriété privée et ne pouvaient appartenir qu'aux seuls riverains.

Il était cependant aisé de voir que si, d'après l'article 644 du même Code, ces riverains peuvent se servir des eaux, à leur passage, pour l'irrigation de leurs terres, ou (quand leurs héritages sont traversés par une eau courante) en disposer dans l'intervalle qu'elle y parcourt, ce n'est qu'à la condition de la rendre ensuite à son cours ordinaire ; d'où il suit qu'ils ne sont pas reconnus propriétaires incommutables de la rivière, puisqu'ils ne jouissent pas du droit essentiellement inhérent à la propriété, celui d'user de la chose de la manière la plus absolue.

En outre, l'article 563, en disant que si la rivière se forme un nouveau lit, celui qu'elle abandonne est concédé, à titre d'indemnité, au détenteur du fonds sur lequel elle s'est frayée un autre passage, démontre manifestement que le législateur, du moment qu'il dispose ainsi de l'ancien lit, n'a pas admis que les riverains en fussent propriétaires [1].

C'est pourquoi, la question ayant été soumise à la Cour de cassation, celle-ci a constamment décidé que les rivières non navigables ni flottables rentrent dans la classe des choses qui,

---

1. En Algérie, d'après la loi du 16 juin 1851, tous les cours d'eau, sans exception, appartiennent au domaine public.

aux termes de l'article 714 du Code civil, n'appartiennent privativement à personne et dont l'usage, commun à tous, est réglé par des lois de police. (Arrêts du 10 juin 1846, 23 novembre 1858, 6 mai 1861 et 8 mars 1865.)

En conséquence, si, par suite de mesures prises ou autorisées par l'administration, une hauteur de chute a été diminuée ou si la pente des eaux a été rendue plus ou moins rapide, le tort qui peut en résulter, pour quelques riverains, constitue, non pas une expropriation, mais un simple dommage pouvant donner droit à une indemnité. (Arrêts des 14 février 1833, 13 août 1851 et 27 août 1857.)

La loi, en forme d'instruction, des 12-20 août 1790, dispose que les administrations départementales (aujourd'hui les préfets) doivent rechercher et indiquer les moyens de procurer le libre cours des rivières, d'empêcher que les prairies ne soient submergées par la trop grande élévation des écluses des moulins et autres ouvrages d'art, de diriger enfin, autant que possible, toutes les eaux de leur territoire vers un but d'utilité générale, d'après les principes de l'irrigation.

Celle des 28 septembre-6 octobre 1791 enjoint aux propriétaires ou fermiers des moulins de tenir les eaux à une hauteur qui ne nuise à personne; autrement, elle les rend responsables des dommages qu'elles pourraient occasionner.

Il résulte de ces lois que l'administration a le droit, et que c'est même pour elle un devoir, de régler le régime de toutes les usines et de prescrire les conditions moyennant lesquelles elles peuvent être établies ou maintenues. Une longue possession, une convention particulière, un acte de vente nationale, ne sauraient faire obstacle à l'exercice de ce droit.

Il lui appartient également d'autoriser les travaux servant à prendre ou à retenir les eaux et de répartir celles-ci de la manière la plus convenable entre l'agriculture et l'industrie.

Pendant longtemps, le pouvoir de statuer, dans ces différents cas, a été un des attributs du chef de l'État, mais il a été rendu aux préfets, sous le contrôle du Ministre des Travaux publics et maintenant du Ministre de l'Agriculture, par les décrets sur la décentralisation administrative.

Si des oppositions à la construction d'une usine ou de tout autre ouvrage sont fondées sur des titres de propriété, d'usage ou de servitude, l'administration doit surseoir à la délivrance de l'autorisation, jusqu'à ce que les tribunaux aient prononcé sur le mérite de ces titres.

En général, les tribunaux sont seuls compétents pour vider toutes les contestations qui s'agitent entre particuliers, au sujet de leurs prétentions respectives. L'administration ne doit jamais s'immiscer dans ces débats : aussi, ses autorisations ne constituent-elles que de simples permissions données sous les rapports de police et sans préjudice des droits des tiers, lors même que la réserve de ces droits n'y serait pas formellement exprimée.

C'est par ce motif que le propriétaire, qui demande à établir un barrage en travers d'une rivière, doit justifier du consentement du propriétaire de la rive opposée.

Quand des ouvrages ont été régulièrement autorisés et que des particuliers établissent, devant l'autorité judiciaire, qu'ils préjudicient à leurs droits, cette dernière ne doit jamais en ordonner la suppression et se mettre ainsi en contradiction avec l'administration. Elle ne peut que condamner le permissionnaire à des dommages-intérêts envers les réclamants.

Le premier ne peut prétendre à aucune indemnité, si des mesures dictées dans l'intérêt de la police ou d'une meilleure répartition des eaux le privent, d'une manière temporaire ou définitive, des avantages résultant de l'autorisation qui lui avait été accordée.

Mais, il est toujours admis à en réclamer une, lorsqu'il éprouve quelque dommage par suite de l'exécution de travaux publics, par exemple, lorsqu'une prise d'eau servant à alimenter les fontaines d'une communauté d'habitants ou à approvisionner le réservoir d'un chemin de fer, diminue la force motrice de son usine.

Le règlement de l'indemnité est alors dévolu au conseil de préfecture, mais elle n'est due qu'autant que l'usine a une existence légale.

Les cours d'eau étant au nombre des choses communes, chacun a le droit d'y puiser, laver du linge, abreuver des bestiaux; néanmoins, ce droit peut être réglementé par l'autorité municipale, dans l'intérêt de l'hygiène et de la salubrité.

Le propriétaire d'un moulin, étant en même temps propriétaire du bief qui en dépend, peut s'opposer à ce que le riverain y exerce le droit de prise d'eau conféré par l'article 644 du Code civil.

Il n'est pas loisible à celui dont l'héritage est traversé par une eau courante d'en disposer au point de l'absorber complétement; le propriétaire du fonds inférieur a toujours le droit de demander que l'usage en soit réglé entre eux dans une juste proportion. En l'absence de titres privés, l'administration est compétente pour faire le partage et fixer les jours et les heures pendant lesquels chacun d'eux peut se servir de la quantité qui lui est attribuée.

Les autorisations qui règlent le régime soit des usines, soit des prises d'eau, sont des actes purement administratifs, non susceptibles d'être attaqués par la voie contentieuse, excepté dans le cas d'inobservation des lois et règlements.

Il en est de même d'une décision qui, par des considérations d'ordre public, refuse l'autorisation de construire ou de rétablir une usine et tout autre ouvrage.

En général, les particuliers ne peuvent se pourvoir, par la voie contentieuse, contre les mesures que prend l'administration dans les limites de ses pouvoirs. C'est, par la voie gracieuse, et à l'autorité immédiatement supérieure, qu'ils doivent s'adresser, pour en obtenir, s'il y a lieu, le retrait ou la modification.

Un des moyens propres à assurer le libre écoulement des eaux consiste dans le curage des rivières et l'entretien de leurs ouvrages d'art.

La loi du 14 floréal an XI ordonne d'y faire procéder de la manière prescrite par les anciens règlements ou d'après les usages locaux.

Si l'application de ces règlements ou du mode consacré par l'usage éprouve des difficultés, ou s'il est survenu des changements qui exigent de nouvelles dispositions, elle veut qu'il y soit pourvu par un règlement d'administration publique et que le contingent de chaque imposé soit toujours en rapport avec le degré d'intérêt qu'il retire des travaux.

Elle charge les préfets de surveiller la répartition des dépenses, d'en rendre les rôles exécutoires et d'en faire opérer le recouvrement, comme en matière de contributions publiques.

Enfin, elle attribue aux conseils de préfecture, sauf recours au Conseil d'État, la connaissance des contestations relatives tant au mode de perception qu'aux réclamations des contribuables et à la confection des travaux.

Les préfets n'ont pas reçu des décrets de décentralisation les mêmes pouvoirs en matière de curage qu'en matière d'usines;

ils prescrivent des dispositions pour l'exécution des règlements ou des usages locaux et suppléent à leur absence par des arrêtés spéciaux; mais leurs actes ne statuent que pour le présent et n'ont pas le caractère de règlements d'administration publique.

Ces actes peuvent d'ailleurs être attaqués devant le Conseil d'État, pour excès de pouvoir, mais seulement dans les trois mois du jour de leur notification, ou, s'ils n'ont pas été notifiés, dans les trois mois du jour de leur mise à exécution.

Les frais accessoires, tels que ceux auxquels donnent lieu la rédaction des projets, l'établissement des gardes-rivière, le déplacement des agents des Ponts et Chaussées, etc., forment une partie intégrante des dépenses du curage et doivent être payés comme ces dépenses.

Un faucardement constitue aussi un accessoire du curage et doit en précéder l'exécution. Les herbes et les vases provenant de l'une et de l'autre opération appartiennent aux riverains.

Le préfet étant autorisé à faire enlever tout ce qui s'oppose à l'écoulement des eaux, aucune indemnité n'est due pour l'arrachage des arbres qui ont leurs racines dans le lit de la rivière.

L'administration ne peut imposer au propriétaire d'un moulin l'obligation de curer dans toute l'étendue du remous, sans qu'il soit préalablement établi que cette obligation est en rapport avec les avantages que lui procure l'exécution des travaux.

A moins d'une autorisation résultant d'un règlement ou d'un usage local, un curage ne peut être fait d'office qu'après que le préfet a mis les particuliers qui y sont assujettis en demeure de l'effectuer eux-mêmes. S'ils ne font aucune déclaration, dans le délai qui leur est imparti, ils ne peuvent se refuser au payement des frais qui leur incombent.

Le riverain dont la propriété est séparée d'un cours d'eau par un mur ou par une haie n'est pas moins tenu de l'obligation de curer.

Si, en même temps qu'elle fait curer une rivière, l'administration juge à propos d'en élargir ou redresser le lit, elle doit préalablement s'assurer du consentement des riverains, et, à défaut de consentement, remplir les formalités prescrites dans le cas d'expropriation pour cause d'utilité publique.

L'appréciation des dommages résultant d'une opération de curage est du ressort du conseil de préfecture ; mais, si la réclamation porte sur une prétendue violation des droits de propriété, elle devient de la compétence exclusive de l'autorité judiciaire.

Quand l'administration soutient que le curage a été effectué dans le lit même de la rivière et que, dès lors, aucune emprise de terrain n'a eu lieu, le tribunal ne rend son jugement qu'après qu'il a été procédé par le préfet, seul compétent dans l'espèce, à la reconnaissance et à la constatation des anciennes limites du cours d'eau.

Le préfet n'a pas le droit d'assigner à un cours d'eau des dimensions uniformes excédant ses limites naturelles. Il ne peut, non plus, imposer aux riverains une servitude de passage, ni leur interdire de planter ou de bâtir, sans autorisation, à une certaine distance des berges.

De ce que les taxes pour travaux de curage sont assimilées aux contributions publiques, les demandes en décharge ou réduction doivent, à peine de déchéance, être présentées dans les trois mois du jour de la publication des rôles, ou, à défaut de publication, dans les trois mois du jour de l'avertissement de payer délivré par le receveur.

Elles doivent être libellées sur papier timbré, lorsque la cote monte à plus de 30 francs ; elles n'ont d'effet que pour l'année courante et ne peuvent, en conséquence, être formées pour l'avenir.

Le pétitionnaire n'est pas obligé d'y joindre la quittance de tout ou partie de la somme qui lui est réclamée, le payement n'en étant pas exigible par douzièmes.

Il peut opposer la prescription, si les travaux, pour lesquels il est imposé, ont plus de trois ans de date.

L'approbation donnée aux rôles par le préfet n'empêche pas le conseil de préfecture d'admettre les réclamations élevées contre l'application des bases de la répartition; mais il ne lui appartient pas de modifier ces bases lorsqu'elles ont été établies par un règlement ou un usage local.

Le recours contre les décisions du conseil de préfecture peut d'ailleurs avoir lieu sans frais.

D'après un avis du Conseil d'État, en date du 24 ventôse an XIII, transcrit dans en décret du 12 avril 1812, inséré au *Bulletin des lois*, toutes les entreprises illicites commises sur les petits cours d'eau, tous les travaux qu'on y exécute, sans la permission de l'administration, toutes les infractions aux prescriptions concernant ceux qu'elle autorise, constituent autant de contraventions qui doivent être réprimées par les tribunaux de simple police, et auxquelles sont applicables les peines édictées par les articles 471 n° 15 et 474 du Code pénal.

Lorsque le propriétaire d'une usine, ou son fermier, donne au déversoir une hauteur supérieure à celle que l'autorité compétente a fixée, et qu'il en résulte l'inondation, avec ou sans dégradation, d'un chemin public ou d'une propriété privée, il commet un délit qui est poursuivi devant le tribunal de police correctionnelle, et puni des peines portées par l'article 457 du même Code.

Si l'administration n'a pas déterminé la hauteur du déversoir, l'usinier ne commet pas moins un délit, lorsqu'il élève volontairement les eaux, de manière à inonder l'héritage de son voisin, et encourt, dans ce cas, les peines qu'ont prononcées les articles 15 et 16 de la loi des 28 septembre-6 octobre 1791.

Nous rapporterons, en terminant, les principales questions que le Conseil d'État a été appelé à résoudre, par la voie contentieuse, au sujet de la Bièvre, quoique la plupart soient dénuées de toute espèce d'intérêt, depuis la transformation radicale d'une grande partie de cette rivière.

Mais auparavant nous examinerons un avis que le comité consultatif établi près de la préfecture de la Seine a émis, le 26 novembre 1882, et d'après lequel elle serait soumise au régime de la grande voirie.

Pour étayer sa manière de voir, ce comité invoque :
1° L'arrêt du Conseil du 26 février 1732 qui contient, en ce qui concerne les constructions, les marchepieds, les plantations, etc., des mesures analogues à celles qui sont prescrites le long des rivières navigables et flottables ;
2° L'arrêté consulaire du 25 vendémaire an IX, l'ordonnance de police du 12 messidor suivant et l'arrêté préfectoral du 3 juillet 1852, qui ont ordonné l'exécution de cet arrêt ;
Et 3° une ordonnance contentieuse rendue en Conseil d'État, le 5 septembre 1842, et qui a reconnu le conseil de préfecture compétent pour statuer sur une contravention résultant d'un barrage non autorisé.

Il ajoute que le législateur a bien pu étendre à un cours d'eau non navigable ni flottable les règles de la grande voirie, lorsque les anticipations commises sur les chemins vicinaux sont du ressort des conseils de préfecture, quoique ces chemins appartiennent à la petite voirie.

Enfin, il pense que, par suite des travaux d'art exécutés pour en améliorer le cours, la Bièvre doit être considérée comme faisant partie des Eaux de Paris qui, d'après la jurisprudence administrative, sont rangées dans la grande voirie.

Rappelons d'abord que l'arrêté consulaire précité ne pouvait être attributif de juridiction, encore moins l'ordonnance du Préfet de police et l'arrêté du Préfet de la Seine.

Quant à la décision de 1842, dont nous reparlons plus loin, elle s'appuie principalement sur la loi du 14 floréal an XI, relative au curage des petites rivières, attendu que le fait incriminé consistait moins dans la construction d'un barrage que dans un défaut de curage. On ne peut donc en tirer un argument en faveur de l'avis dont il s'agit.

Plusieurs autres cours d'eau sont d'ailleurs régis par des règlements dont les dispositions ont aussi de l'analogie avec celles de l'arrêt de 1732, sans qu'il soit jamais venu dans l'idée des administrations locales de les assimiler, pour cette raison, aux rivières navigables ou flottables.

Il est vrai que la loi du 9 ventôse an XIII a déféré aux conseils de préfecture la répression des anticipations dont les chemins vicinaux sont l'objet, mais toutes les autres contraventions qu'on y commet sont restées de la compétence des tribunaux ordinaires.

Il est encore vrai que le Conseil d'État a décidé, plusieurs fois, que les Eaux affectées au service de la ville de Paris faisaient partie du domaine public et que, comme les contestations auxquelles elles donnent lieu avaient été réservées anciennement au Roi, en son conseil, elles devaient être jugées maintenant de la même manière que les contraventions en matière de grande voirie.

Mais il est bien difficile d'admettre que, parce qu'on a cherché à rendre le cours de la Bièvre moins imparfait, ses eaux fangeuses et nauséabondes ont quelque affinité avec celles qui sont distribuées aux Parisiens pour leurs besoins domestiques. Elles n'ont d'ailleurs jamais été déclarées faire partie du domaine public.

Nous devons cependant rappeler que, sous l'ancien régime, les pourvois contre les sentences de la maîtrise, qui statuaient sur les contraventions à la police de cette rivière, devaient être portés directement au Conseil d'État et non pas à la cour d'appel, dite de la Table de marbre[1]. Faut-il en induire la justification de l'opinion professée par le comité consultatif? Il est permis d'en douter.

La Bièvre ne change pas de nature en passant d'un département dans un autre; elle reste toujours un cours d'eau ni navigable ni flottable. C'est pourquoi les contraventions qu'on y commet en Seine-et-Oise sont déférées, sans réclamations, aux tribunaux ordinaires. Serait-il rationnel d'en saisir les tribunaux d'exception, dans le département de la Seine, par cela seul qu'elles seraient relevées à quelque distance des premières?

D'après tout ce qui précède, nous pensons que, tant que l'avis du comité consultatif n'aura pas été corroboré par une décision formelle du Conseil d'État, l'administration de ce dernier département aurait tort de s'y conformer.

Revenons aux affaires contentieuses soumises à la juridiction administrative. La première, croyons-nous, l'a été en 1828. — Un nommé Moussier, propriétaire rue du Jardin du Roi, avait construit, sans autorisation, un mur longeant la Bièvre. Poursuivi, à raison de ce fait, par le Préfet de la Seine, devant le conseil de préfecture, il fut renvoyé absous, attendu que le mur laissait au marchepied sa largeur réglementaire. Le Ministre de l'Intérieur ayant appelé de cette décision au Conseil

---

1. Voir ci-dessus, page 75.

d'État, son pourvoi fut rejeté par une ordonnance du 26 octobre, en considération de ce que, lors de la rédaction du procès-verbal, il n'existait aucun plan régulièrement approuvé qui déterminât les alignements à suivre le long de cette partie du cours d'eau et que d'ailleurs la construction se trouvait à plus de 6 pieds de son bord.

C'est à bon droit, suivant nous, que les tribunaux administratifs avaient été saisis de l'affaire, le marchepied dont il s'agit étant considéré comme un chemin public, et toutes les voies publiques de Paris dépendant indistinctement de la grande voirie. Mais c'est à tort qu'on avait invoqué l'absence d'un plan d'alignement; on a dû voir, en effet, page 150, que ce plan était arrêté depuis une vingtaine d'années. Il est vrai que le Préfet de police en était resté détenteur et que, dès lors, son existence pouvait avoir été perdue de vue à la préfecture de la Seine.

D'ailleurs, d'après les explications que nous avons données, page 91, il suffisait que le mur qui, dans l'espèce, faisait l'office d'un talus, fût à 7 pieds de distance de la rivière, pour qu'il n'y eût pas de contravention.

En 1837, une crue subite de la Bièvre menaçant de causer quelque désastre, le Préfet de police s'empressa de faire enlever tous les obstacles à l'écoulement des eaux. De ce nombre étaient deux ponts de pierre situés à Gentilly et appartenant, l'un au sieur Vincent, l'autre au sieur Guiblin. Ces derniers ayant refusé d'acquitter les frais de la démolition, le conseil de préfecture, qui avait été appelé à les y contraindre, déclara qu'ils ne devaient pas les supporter, n'étant pas démontré qu'ils s'en fussent rendus passibles par des entreprises illicites. Le 30 juin 1842, le Conseil d'État annula cette décision, attendu que le règlement de 1732 et l'arrêté du 25 vendémiaire an IX, en chargeant l'administration de veiller à ce que le cours des eaux fût tenu constamment libre, ordonnaient que tous les empêchements seraient supprimés aux dépens de leurs auteurs.

Comme on n'arguait pas que les ouvrages eussent été construits en contravention et que néanmoins ils n'avaient que le caractère d'une simple tolérance, toujours révocable dans un intérêt public, les tribunaux ordinaires n'avaient pas à connaître des conséquences d'une mesure que l'administration avait prise dans la limite de ses pouvoirs. Le conseil de préfecture était donc seul compétent.

Le sieur Vaillant, propriétaire rue de l'Épée-de-Bois, après avoir comblé, sans autorisation, une partie du faux ru de la Bièvre, en avait détourné le cours au moyen d'une buse traversant son immeuble. Mis en demeure de rétablir les choses en leur premier état, il se contenta de supprimer la buse et laissa dans le faux ru les vases qui, par suite de ses travaux, y avaient été amoncelées. Le conseil de préfecture lui ayant enjoint de les enlever, il se pourvut contre sa décision pour incompétence et excès de pouvoir; mais par une ordonnance du 5 septembre 1842, le Conseil d'État rejeta sa requête, en déclarant que, d'après la loi du 14 floréal an XI, l'affaire était bien du ressort du conseil de préfecture et que d'ailleurs la condamnation prononcée l'avait été avec raison.

Le dépôt des vases qui encombraient le cours d'eau constituant, en quelque sorte, un défaut de curage, la compétence du conseil de préfecture se trouvait, en effet, justifiée, aux termes de la loi précitée.

Le Préfet de la Seine ayant fait rétablir en tête de la morte rivière de Bièvre, à Gentilly, une vanne qui y avait été placée autrefois, pour éviter la stagnation des eaux et remédier aux inondations qui se manifestaient souvent, sur ce point, le sieur Barge, propriétaire d'une usine située près de là, se plaignit de ce qu'elle lui portait préjudice et en demanda la suppression devant le Conseil d'État. Celui-ci, considérant que le Préfet avait fait, dans la limite de ses pouvoirs, un acte administratif non susceptible d'être attaqué par la voie contentieuse et qui, du reste, n'empêchait pas le réclamant de faire statuer, par l'autorité compétente, s'il s'y croyait fondé, sur le droit qu'il pouvait avoir à une indemnité, rejeta, purement et simplement, le pourvoi, par un décret du 5 juillet 1851.

Il n'a fait, en cela, que se conformer à une jurisprudence constante et que nous avons rappelée plus haut.

Le sieur Didier riverain de la Bièvre, à Antony, ayant établi, sans autorisation, en travers de la berge, une grille destinée à clore sa propriété, le conseil de préfecture le condamna à l'enlever et lui infligea, en outre, une amende.

Suivant nous, il n'était pas compétent pour réprimer cette contravention, puisque, nous l'avons déjà fait observer, il n'appartient qu'aux tribunaux ordinaires de connaître des entreprises illicites commises sur les petits cours d'eau. Mais la décision intervenue, n'ayant été l'objet d'aucun recours, est passée en force de chose jugée.

Plus tard, ce même propriétaire obtint, sur sa demande, la permission de construire un mur à la place de la grille qu'il avait ôtée, à la condition toutefois d'y mettre une porte que les agents chargés de la surveillance de la rivière auraient la faculté d'ouvrir, et de leur donner, à cet effet, une clef de la serrure. Le sieur Didier attaqua cette décision comme ayant pour conséquence de grever sa propriété d'une servitude gênante et qu'il n'était pas tenu de supporter. Mais le Conseil d'État rejeta son pourvoi, le 30 juillet 1863, en se fondant sur ce que le Préfet qui, aux termes du règlement du 26 février 1732, aurait pu refuser l'autorisation demandée, avait eu le droit de ne l'accorder qu'autant que le permissionnaire accepterait la condition qu'il lui prescrivait.

Nous avons déjà dit, page 190, que l'obligation de laisser aux agents de l'administration la faculté d'ouvrir la porte qui serait pratiquée dans un mur de l'espèce, était aussi imposée, sous l'ancien régime.

Quelques années après, le sieur Georgeon souleva une question qui ne manquait pas de gravité; il prétendit que les riverains de la Bièvre qui, comme lui, ne possédaient aucune usine ou industrie, et auxquels il était, dès lors, interdit de faire le moindre usage de ses eaux, ne devaient plus contribuer dans la dépense du curage; que les seuls intéressés à leur conservation devaient désormais la supporter entièrement, chacun en proportion de la quantité qu'il consommait, et ce, en vertu de l'arrêté du 25 vendémiaire an IX qui, à cet égard, avait modifié le règlement de 1732. Sa réclamation ayant été repoussée par le conseil de préfecture, il la porta devant le Conseil d'État. Mais elle y reçut le même accueil, le 10 juin 1870, attendu que, des termes de l'arrêté de l'an IX aussi bien que du rapport présenté aux Consuls, par le Ministre de l'Intérieur, à l'appui du projet de cet arrêté, il résultait que l'ancien mode de répartition des frais de curage avait été maintenu et que, si le réclamant trouvait qu'il fût injuste, ce n'était pas par la voie contentieuse qu'il devait en demander la réformation[1].

Nous avons déjà fait remarquer, page 135, combien le libellé de l'arrêté dont il s'agit prêtait à la critique. Quant à la situation

---

1. Le Ministre des Travaux publics faisait remarquer que la participation des riverains, quoique non usiniers ou industriels, était justifiée par l'intérêt qu'ils ont au curage, au point de vue de la salubrité et des inondations.

exceptionnelle faite dans le département de la Seine, aux simples riverains de la Bièvre, les plaintes du sieur Georgeon méritaient peut-être quelque attention. En Seine-et-Oise, il ne leur est pas défendu, d'une manière absolue, de faire des prises d'eau ; une pareille interdiction n'existe que dans l'autre département. Il serait bien temps de faire disparaître cette anomalie, d'autant plus que le nombre des industriels; à l'usage exclusif desquels les eaux y sont réservées, diminue tous les jours.

L'année suivante, une affaire d'une autre nature s'est présentée à juger. Le sieur Landeville, dont la propriété était close par un mur formant saillie sur la largeur assignée à la berge droite de la rigole dite des Gobelins, en vertu des plans ayant servi de base à l'enquête qui a précédé la déclaration d'utilité publique de la canalisation de la Bièvre, avait été autorisé à surélever ce mur et à y appuyer de nouvelles constructions, à la condition de ne pas le consolider. Un procès-verbal ayant constaté qu'il avait enfreint cette prescription, le conseil de préfecture le condamna, par application des règlements de grande voirie, à l'amende et à la démolition des travaux indûment exécutés. Le sieur Landeville ayant appelé de cette décision et un rapport des ingénieurs ayant fait connaître que, malgré son assertion, ces travaux étaient confortatifs, le Conseil d'État a rejeté son pourvoi, le 19 juillet 1871.

Les tribunaux administratifs se trouvaient compétents par les motifs que nous avons donnés dans l'affaire Moussier. Nous ferons seulement remarquer que le Conseil d'État reconnaissait implicitement, dans cette nouvelle affaire, que l'ordonnance royale du 20 juillet 1840, relative à l'assainissement de la Bièvre, avait approuvé les plans dont nous venons de parler, et que, dès lors, les alignements tracés sur ces plans devaient être observés. Nous allons voir qu'il en a décidé autrement, en 1875.

Le sieur Baudoux est propriétaire d'un immeuble qui a sa façade sur la rue Censier et dont le derrière longe la Bièvre. Traduit devant le conseil de préfecture pour avoir élevé, sans autorisation, une construction à 1^m,55 de cette rivière, il a été condamné simplement à l'amende. Le Ministre des Travaux publics a formé un recours contre cette décision ; il a prétendu que la construction anticipait sur l'alignement de la berge et que, par conséquent, la démolition aurait dû en être ordonnée. Le sieur Baudoux s'est pourvu, de son côté, contre la même décision ; il a soutenu que sa construction n'étant pas en saillie, il n'avait encouru aucune peine.

Le Conseil d'État, considérant que l'ordonnance royale du 20 juillet 1840 ne contenait aucune disposition ayant pour effet d'étendre ou d'aggraver les obligations imposées aux riverains de la Bièvre par l'arrêt du Conseil du 26 février 1732, que, dès lors, le réclamant, en construisant, à une distance de plus de 4 pieds des bords de ce cours d'eau et, par suite, en dehors des limites de la berge, telles qu'elles ont été fixées par l'article 42 du même arrêt, n'avait commis aucune contravention, a rejeté le recours du Ministre, le 5 mai 1875, et annulé la décision du conseil de préfecture, en tant qu'elle infligeait une amende au sieur Baudoux.

Le même jour, solution semblable rendue en faveur du sieur Nigon, propriétaire, rue du Fer-à-Moulin, qui avait aussi construit, sans autorisation, à une distance de 1^m,33 dudit cours d'eau.

Il est bien certain que, dans l'esprit comme dans la lettre du règlement de 1732, une largeur de 4 pieds (1^m,30) a paru suffisante pour le chemin à ménager le long de la rivière, mais que, lorsqu'il est en élévation, ce qui arrive souvent, il faut ajouter à cette largeur celle de la base des talus. Si l'on admet que l'ordonnance du 20 juillet 1840 n'a pas modifié ces dispositions pour les parties de la Bièvre canalisées (là gît toute la question), le chemin se trouvant maintenant au niveau du sommet du mur vertical qui forme la cunette, il n'y a plus de talus du côté du cours d'eau, dès lors la largeur de 4 pieds doit être mesurée à partir de ce mur. La décision du Conseil d'Etat se trouverait donc justifiée.

Le sieur Grandjean, riverain de la Bièvre *intra* et *extra muros*, a demandé à être déchargé des taxes qui lui étaient imposées pour le curage des années 1869 et suivantes, attendu que les rôles de répartition, au lieu d'être dressés pas trois commissaires, comme le veut l'article 4 de l'arrêté du 25 vendémiaire an IX, l'avaient été par deux seulement.

L'administration objectait que la nomination du troisième commissaire était réservée au Préfet de police, mais que le décret du 10 octobre 1859 lui ayant enlevé les attributions qui lui appartenaient précédemment, touchant cette rivière, il ne devait plus y en avoir que deux. Le Conseil d'État, considérant que ce décret n'avait pu avoir pour effet de porter atteinte aux garanties accordées aux riverains de la Bièvre par l'arrêté de l'an IX, et de confier à deux commissaires, au lieu de trois, la répartition des dépenses; que, dès lors, le sieur Grandjean était fondé à soutenir que les rôles n'avaient pas été établis selon les formes réglementaires, a accueilli sa réclamation, le 3 août 1877, sauf à l'administration à le taxer de nouveau, si elle le jugeait à propos, au moyen de rôles régulièrement dressés [1].

Quand l'arrêté de l'an IX a disposé que les rôles dont il s'agit seraient faits par trois commissaires nommés individuellement par le Préfet de la Seine, le Préfet de Seine-et-Oise et le Préfet

---

1. Le Conseil d'État a persisté dans cette jurisprudence par un second arrêt du 21 mai 1880.

de police, les dépenses accidentelles et communes étaient supportées, sans distinction, par les intéressés des deux départements.

Mais nous avons rappelé, page 141, que le 22 mars 1830, le Ministre de l'Intérieur ayant décidé qu'il y avait lieu de les séparer, à l'avenir, par régions, et que chaque département ne devait plus avoir à sa charge que celles qui auraient été faites sur son propre territoire, le Préfet de Seine-et-Oise cessa de désigner un des commissaires pour coopérer à la répartition de celles qui regardaient exclusivement l'autre département, en sorte que leur nombre se trouva forcément réduit à deux. C'est donc à tort qu'on avait avancé que l'état de choses qui, pendant près de cinquante ans, n'avait soulevé aucune réclamation, était la conséquence du décret du 10 octobre 1859.

Quoi qu'il en soit, l'administration n'a pas cru devoir résister à la décision du Conseil d'État et les rôles sont maintenant dressés par trois commissaires nommés par le Préfet de la Seine, cette mesure ayant reçu, le 23 février 1878, l'adhésion de M. de Freycinet, alors Ministre des Travaux publics.

Enfin, ce même Grandjean ayant prétendu ne pas devoir payer les sommes ajoutées à la dépense du curage pour la confection et la perception des rôles, le conseil de préfecture a admis sa réclamation, le 19 mars 1885, et l'administration paraît avoir acquiescé à cette décision, attendu que les frais auxquels donne lieu le recouvrement des contributions publiques ne sont pas, en effet, à la charge des imposés.

Il n'y a pas de parité, suivant nous, entre ces contributions et les taxes exigées pour le curage de la Bièvre. Les premières sont encaissées au profit de l'État, il est donc juste que l'État supporte les frais de leur perception. Mais les taxes dont il s'agit ne profitent pas au Département qui, dans l'espèce, n'est qu'un simple intermédiaire entre les redevables et l'entrepreneur qui a exécuté les travaux. Si, par de certaines considérations, il consent à avancer le prix de ces travaux, il faut qu'il rentre dans ses déboursés et soit parfaitement indemne. Il ne le serait pas s'il était obligé de payer les frais que nécessite le recouvrement des taxes; il participerait indirectement à des dépenses qui sont à la charge exclusive de quelques particuliers et auxquelles, par conséquent, il doit rester étranger. C'est d'ailleurs l'opinion du Conseil d'État qui a décidé, les 15 décembre 1853, dans une affaire Biennais, et le 7 décembre 1854, dans une affaire Bryon, que toutes les dépenses accessoires au curage font partie intégrante des frais de l'opération et doivent, dès lors, être recouvrées sur les parties intéressées.

Nous pensons avoir rendu compte des contestations les plus remarquables dont la Bièvre a, jusqu'à présent, été l'objet. Si quelques-unes nous ont échappé, elles ont bien peu d'importance. Mais il est à craindre qu'il n'en survienne, à l'avenir, plusieurs autres, par suite des conditions exceptionnelles résultant des règlements sous l'empire desquels cette petite rivière a été, de tout temps, et est encore placée.

FIN

BOURLOTON. — Imprimeries réunies, B, rue Mignon, 2.

www.ingramcontent.com/pod-product-compliance
Lightning Source LLC
Chambersburg PA
CBHW071945160426
43198CB00011B/1554